LA
BATAILLE D'ADOUA
(1er MARS 1896)

ÉTUDE TACTIQUE

PAR

le Lieutenant-Colonel breveté PETETIN
DU 170e RÉGIMENT D'INFANTERIE

PARIS

LIBRAIRIE MILITAIRE R. CHAPELOT et Ce
IMPRIMEURS-ÉDITEURS
30, Rue et Passage Dauphine, 30

1901

LA BATAILLE D'ADOUA

(1er MARS 1896)

ÉTUDE TACTIQUE

PARIS. — IMPRIMERIE R. CHAPELOT ET Cᵉ, 2, RUE CHRISTINE.

LA
BATAILLE D'ADOUA

(1er MARS 1896)

ÉTUDE TACTIQUE

PAR

le Lieutenant-Colonel breveté PETETIN

DU 170e RÉGIMENT D'INFANTERIE

PARIS

LIBRAIRIE MILITAIRE R. CHAPELOT ET Cᵉ

IMPRIMEURS-ÉDITEURS

30, Rue ét Passage Dauphine, 30

1901

LA BATAILLE D'ADOUA

(1er MARS 1896)

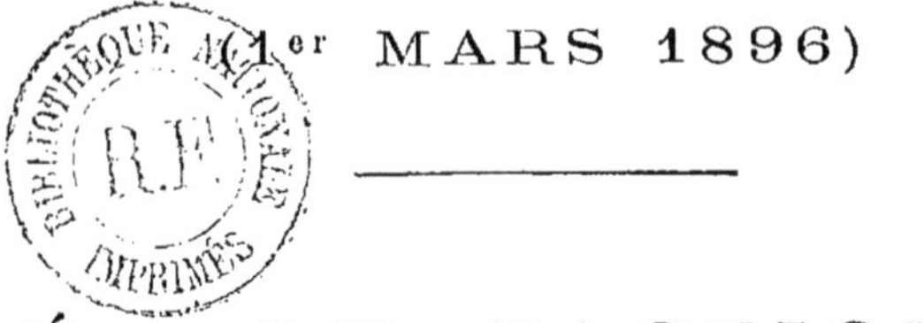

ÉTUDE TACTIQUE

> « La guerre moderne est une science d'application ; on ne saurait impunément en violer les principes. »

AVANT-PROPOS.

Le 1er mars 1896, le général italien Baratieri attaquait le négus Ménélik, à Adoua.

L'issue de la bataille fut fatale aux armes italiennes.

La jeune colonie de l'Erythrée, qui donnait de si belles espérances, en fut ébranlée jusque dans ses fondements ; son existence même parut compromise.

Le contre-coup de ce désastre se fit sentir jusqu'en Europe ; le cabinet de Rome fut renversé et son successeur dut se recueillir et modifier son orientation politique.

La bataille d'Adoua est donc l'un des événements les plus importants de ces dernières années, sinon en lui-même, du moins par ses conséquences.

Mais ce n'est point le côté politique qui nous a tenté, malgré le vif intérêt qu'il présente.

Par contre, il nous a semblé qu'il pourrait être d'un réel profit d'étudier, au point de vue exclusivement militaire, cette rencontre, désormais fameuse, entre 15,000 Européens disciplinés et les bandes choannes, gallas et éthiopiennes, dont la principale force résidait dans une supériorité numérique écrasante et dans une connaissance approfondie du terrain. Nous avons pensé qu'il serait intéressant de rechercher les enseignements techniques qui peuvent en découler pour nous.

Nous ne devons pas oublier, en effet, qu'à l'heure présente, la France est une puissance coloniale de premier ordre, que son drapeau flotte dans toutes les parties du monde et qu'il peut se trouver engagé, à un moment donné, dans des conditions presque identiques.

Le général en chef italien aurait-il pu gagner la bataille au lieu de la perdre ? Quelles décisions lui imposait la situation critique dans laquelle se trouvait le corps expéditionnaire à la fin du mois de février 1896 ?

Tel est le problème que nous nous sommes posé.

Nous allons essayer de le résoudre, en prenant pour bases de notre argumentation : d'une part, les faits qui se sont accomplis à Adoua le 1er mars et les jours précédents ; d'autre part, les règlements et les procédés tactiques, qui sont actuellement en usage dans l'armée française.

Loin de nous la pensée de critiquer systématiquement les dispositions prises par les Italiens, avant, pendant et après la bataille. Notre devise n'est point l'odieux et barbare *Væ victis* des anciens ; nous lui préférons la généreuse maxime française : « Honneur au courage malheureux ! »

Au surplus, notre œuvre, à défaut d'autre, a la prétention d'être absolument impartiale.

Recherchant simplement la vérité tactique, elle n'a qu'un seul objectif : étudier, au point de vue de l'art militaire pur, un événement qui est entré dans le domaine de l'histoire, le disséquer et en tirer des enseignements pour nos jeunes officiers désireux de s'instruire.

Situation respective des deux armées.

L'ouvrage de M. le capitaine Pellenc : *Les Italiens en Afrique* (*Revue militaire de l'Étranger*, 1896-1897), a relaté, d'une façon magistrale, les préliminaires et les péripéties de la bataille d'Adoua. Nous y reportons le lecteur pour l'intelligence de ce qui va suivre. Notre tâche consistera, non à raconter des faits qui sont suffisamment connus, mais à les commenter et à en déduire des conclusions.

Rappelons, cependant, en quelques mots, la situation respective des deux adversaires, le 23 février 1896 :

Le corps expéditionnaire italien, fort de 15,000 hommes et de 56 bouches à feu [1], était bivouaqué depuis quinze jours sur les hauteurs de Zala, Addi-Dicchi, Sauria.

Une colonne, commandée par le major Ameglio, avait été détachée le 23 février à Adi-Quala sur la rive droite du Mareb ; elle était composée du 5e bataillon indigène, de 300 auxiliaires du Sarae et d'une section d'artillerie.

Le régiment du colonel di Boccard (12e, 18e et 20e bataillons), à Mai-Marat, le 17e bataillon, à Barachit, gardaient la ligne de communication.

Celle-ci [2], longue de 200 kilomètres environ, passait par Entiscio, Mai-Marat, Sénafé, Adi-Caïe, pour aboutir à Massaouah.

L'armée de Ménélik, qui comptait 80,000 fantassins, quelques pièces de canon et une cavalerie nombreuse et hardie, avait établi ses campements dans la conque d'Adoua. Plusieurs corps abyssins s'étaient portés vers l'ouest pour y recueillir des vivres et des fourrages.

Trente kilomètres environ séparaient les deux armées, qui s'observaient mutuellement. L'une et l'autre, éloignées de leur base d'opérations, éprouvaient des difficultés pour se ravitailler, mais leur moral était excellent.

Thème général et plan d'ensemble.

Pour mieux fixer les idées, nous avons cru devoir adopter le thème suivant, qui est, d'ailleurs, conforme à la réalité des faits :

---

[1] Voir pièce annexe n° 1.

[2] Voir pièce annexe n° 2 et le croquis « Ancienne et nouvelle ligne d'opérations ».

Le 25 février 1896, le général Baratieri a établi ses brigades autour d'Addi-Dicchi. Ses ravitaillements commencent à devenir difficiles et il craint de voir ses communications menacées.

Les instructions qu'il a reçues de son gouvernement et celles qu'il attend le conduisent à envisager les deux éventualités suivantes :

A. Il attaquera l'armée abyssine, qui se trouve en avant d'Adoua, pour la désorganiser, la forcer à la retraite et dégager ses communications.

B. Il se rapprochera simplement de cette armée et prendra une position de nature à mieux couvrir ses communications et à menacer les Abyssins d'une attaque, tout en s'organisant pour livrer une bataille défensive, dans le cas où il serait lui-même attaqué.

Dans les Ire et IIe parties de ce travail, nous étudierons la préparation des deux opérations envisagées ci-dessus et la rédaction des ordres applicables à chacune d'elles ;

Dans la IIIe partie, nous discuterons les mesures proposées, en faisant ressortir les avantages et les inconvénients des deux partis à prendre ;

Dans la IVe partie, nous exposerons, en nous inspirant des événements qui ont eu lieu le 1er mars 1896, les conditions probables dans lesquelles aurait pu se produire le choc entre les Italiens et les Abyssins

PREMIÈRE PARTIE.

PREMIER THÈME D'OPÉRATIONS.

Le 25 février 1896, le général Baratieri a établi ses quatre brigades autour d'Addi-Dicchi.

Ses ravitaillements commencent à devenir difficiles et il craint de voir ses communications menacées.

Il attaquera l'armée abyssine qui se trouve en avant d'Adoua, pour la désorganiser, la forcer à la retraite et dégager ses propres communications.

A. — Mesures préparatoires.

En vue d'une bataille offensive :

1º Rallier les détachements ;

2º Faire affluer vers l'armée combattante les ressources de toute nature, de manière à lui donner son maximum de force ;

3º Négliger momentanément et couper au besoin sa ligne de communication ;

4º Créer une position de repli, pour le cas d'insuccès.

CORPS EXPÉDITIONNAIRE
D'ÉRYTHRÉE.

—

ÉTAT-MAJOR GÉNÉRAL.

—

OBJET :

*La colonne d'Adi-Quala ral-
liera le corps expéditionnaire, à Addi-Dicchi, le
29 février.*

ORDRE PARTICULIER N° 1 [1].

LE GÉNÉRAL BARATIERI, COMMANDANT EN CHEF, A MONSIEUR LE COMMANDANT DE LA COLONNE D'ADI-QUALA, A ADI-QUALA.

*La colonne d'Adi-Quala ralliera le corps expéditionnaire à Addi-Dicchi,
le 29 février.*

Addi-Dicchi, 25 février 1896, 6 heures matin.

Dès la réception du présent ordre, le major Ameglio quittera Adi-Quala avec sa colonne.

Il fera toute diligence pour rejoindre le corps expéditionnaire à Addi-Dicchi, où il devra parvenir le 29 février, avant midi.

Il suivra la rive droite de l'Unjaga jusqu'à Entiscio.

A son arrivée à Addi-Dicchi, la colonne du major Ameglio sera dissoute ; chacun de ses éléments ralliera sa brigade d'origine.

ORDRE PARTICULIER N° 2 [2].

A MONSIEUR LE COLONEL DI BOCCARD, A MAI-MARAT.

*Les 12° et 18° bataillons de la 11° batterie, rallieront le corps
expéditionnaire, à Addi-Dicchi, le 29 février.*

Addi-Dicchi, 25 février 1896, 11 heures matin.

Les 12° et 18° bataillons et la 11° batterie quitteront immédiatement Mai-Marat et se dirigeront sur Entiscio, de manière à y être rendus le 29 février dans la matinée.

Un convoi de munitions et de vivres, formé par les soins du service des étapes, partira avec cette colonne et sous sa protection.

Les malades et les éclopés ne seront pas emmenés.

M. le colonel di Boccard restera avec le 20° bataillon, à Mai-Murat,

---

[1] Ordre porté par exprès, en double expédition, par deux voies différentes et par les moyens les plus rapides.

[2] Cet ordre est transmis par le télégraphe, avec demande d'accusé de réception.

qu'il ne devra abandonner que sur un ordre formel du général en chef. Il aura le commandement de la ligne d'étapes entre Entiscio exclus et Adi-Caié.

ORDRE PARTICULIER N° 3[1].

AU COMMANDANT DU GITE D'ÉTAPES, A ENTISCIO.

Formation d'un convoi à vide sur Mai-Marat.

Addi-Dicchi, 25 février 1896, 10 heures matin.

Tous les animaux de bât disponibles seront dirigés immédiatement sur Mai-Marat.

Ils seront escortés par la compagnie du 12° bataillon, qui est actuellement à Entiscio.

Le commandant du gite d'étapes d'Entiscio, organisera cette petite colonne, après entente avec le commandant de l'artillerie, l'intendant et le médecin en chef, qui reçoivent des instructions à cet effet.

Il rendra compte de l'exécution du présent ordre et notamment :

1° Du nombre d'animaux et de conducteurs dirigés sur Mai-Marat ;

2° De l'heure du départ du convoi et des instructions données à son chef.

ORDRE PARTICULIER N° 4[2].

A L'INTENDANT DU CORPS EXPÉDITIONNAIRE, A ENTISCIO.

Formation d'un convoi à vide sur Mai-Marat.

Addi-Dicchi, 25 février 1896, 10 heures matin.

M. l'intendant du corps expéditionnaire prendra immédiatement ses dispositions pour faire affluer sur Entiscio toutes les subsistances réparties sur la ligne d'étapes.

Un convoi à vide sera dirigé, le 25 février dans la soirée, sur Mai-Marat.

Les instructions nécessaires sont données, à cet effet, au commandant du gite d'étapes d'Entiscio. M. l'intendant s'entendra avec lui et avec le commandant de l'artillerie, pour assurer l'exécution du présent ordre.

---

[1] Cet ordre est transmis par le télégraphe et confirmé par exprès.
[2] Ordre transmis par le télégraphe et confirmé par exprès.

ORDRE PARTICULIER N° 5.

Au Commandant de l'artillerie du corps expéditionnaire,
a Addi-Dicchi.

Formation d'un convoi à vide sur Mai-Marat.

Addi-Dicchi, 25 février 1896, 10 heures matin.

M. le commandant de l'artillerie du corps expéditionnaire prendra immédiatement ses dispositions pour faire affluer sur Entiscio toutes les munitions réparties le long de la ligne d'étapes, de manière à porter l'approvisionnement à 300 cartouches par fantassin et à 200 coups par pièce.

Un convoi à vide sera dirigé, le 25 février dans la soirée, sur Mai-Marat.

Des instructions sont données, à cet effet, au commandant du gîte d'étapes d'Entiscio. M. le commandant de l'artillerie s'entendra avec lui pour assurer, en ce qui le concerne, l'exécution du présent ordre.

Le 29 février, à 5 heures du soir, tous les approvisionnements en munitions devront être au complet, tant pour l'infanterie que pour l'artillerie, et à tous les échelons.

ORDRE PARTICULIER N° 6 [1].

Au Médecin chef du corps expéditionnaire, a Entiscio.

Un convoi à vide sera dirigé sur Mai-Marat.

Addi-Dicchi, 25 février 1896, 10 heures matin.

M. le médecin en chef prendra immédiatement ses dispositions, pour faire affluer sur Entiscio tous les cacolets et litières répartis sur la ligne d'étapes, ainsi que les médicaments nécessaires en vue d'une grande bataille.

Un convoi à vide devant être dirigé ce soir sur Mai-Marat, M. le médecin en chef s'entendra avec le commandant du gîte d'étapes d'Entiscio pour faire attribuer à son service, dans ce convoi, un nombre de mulets proportionné à ses besoins éventuels.

---

[1] Ordre donné par le télégraphe et confirmé par exprès.

ORDRE PARTICULIER N° 7.

Au Commandant du génie du corps expéditionnaire, a Addi-Dicchi.

Mise en état de défense de la position Zala, Addi-Dicchi, Sauria.

Addi-Dicchi, 25 février 1896, 6 heures matin.

Le commandant du génie étudiera immédiatement les travaux à exécuter sur la position Zala, Addi-Dicchi, Sauria, en vue de l'organiser défensivement contre une attaque venant de l'ouest. Les flancs de la position devront être l'objet d'une attention particulière.

Les travaux commenceront le 26 février et devront être terminés le 29 avant midi, c'est-à-dire en trois jours et demi.

Le commandant du génie disposera : à Sauria, de 1500 travailleurs ; à Addi-Dicchi, de 1000; à Zala, de 1500.

Tous les outils du parc et ceux des corps seront utilisés.

Le rapport[1] du commandant du génie devra parvenir au général en chef le 25 février, dans la soirée.

Un officier d'état-major de chaque brigade accompagnera le commandant du génie dans sa reconnaissance, sur le terrain occupé par les troupes de la brigade.

ORDRE GÉNÉRAL N° 1.

Mise en état de défense de la position Zala, Addi-Dicchi, Sauria.

Addi-Dicchi, 25 février 1896, 6 heures soir.

La position Zala, Addi-Dicchi, Sauria sera mise immédiatement en état de défense, en prévision d'une attaque venant de l'ouest.

Les travaux seront commencés demain matin, 26 février, à 7 heures ; ils devront être terminés le 29, avant midi.

M. le commandant du génie du corps expéditionnaire aura la haute direction des travaux, dont il fera connaître les détails aux généraux commandant les brigades[2].

---

[1] Voir la pièce annexe n° 6, qui résume les propositions du commandant du génie.

[2] Voir pièce annexe n° 6.

Seront employés à ces travaux :

A Sauria, 1500 hommes d'infanterie fournis par la brigade Albertone ;

A Addi-Dicchi, 1000 hommes d'infanterie fournis alternativement par les brigades Arrimondi et Ellena ;

Au col de Zala, 1500 hommes d'infanterie fournis par la brigade Dabormida.

Les travailleurs seront relevés toutes les 6 heures ; ils auront droit à une ration d'eau-de-vie supplémentaire.

Tous les outils du parc du génie et des corps seront utilisés.

B. — Ordre de mouvement pour la journée du 1er mars.

ORDRE GÉNÉRAL N° 2.

———

Au quartier général d'Addi-Dicchi, le 29 février 1896.

ORDRE DE MOUVEMENT POUR LE 1er MARS 1896.

Ire PARTIE.

§ 1. *Situation générale et renseignements sur l'ennemi.* — L'armée abyssine est campée dans la conque d'Adoua.

Depuis quinze jours, le Négus refuse le combat.

Le général en chef a résolu de l'y contraindre, en l'attaquant par la vallée du Mariam-Sciavitu.

§ II. *Mouvements du corps expéditionnaire.* — Le corps expéditionnaire marchera demain 1er mars, sur Adoua.

Il formera trois colonnes [1].

a) Colonne de droite (général Dabormida) :
>   2e brigade d'infanterie ;
>   bataillon de milice mobile ;
>   5e, 6e et 7e batteries de montagne.

Cette colonne suivra la direction col de Zala, col Guldam, pentes nord des monts Esciascio, vallée du Mariam-Sciavitu.

———

[1] Voir pièce annexe n° 1.

b) Colonne du centre (GÉNÉRAL EN CHEF) :

    1° Brigade ARIMONDI :

        1re brigade d'infanterie ;

        5e bataillon indigène ;

        auxiliaires du Saraé (300 hommes) ;

        8° et 11e batteries de montagne ;

        1/2 compagnie du génie.

    2° Brigade ELLENA (réserve) :

        3e brigade d'infanterie ;

        3° bataillon indigène ;

        2 batteries à tir rapide.

Cette colonne suivra la route Addi–Dicchi, col situé entre les monts Gandafta et Addi-Cheras, col de Rebbi-Arienne, vallée du Mariam-Sciavitu.

Le quartier général marchera en tête du gros de la brigade Arimondi.

    c) Colonne de gauche (général ALBERTONE) :

        4 bataillons indigènes ;

        1ro, 2e, 3e et 4° batteries de montagne.

Itinéraire : Sauria, col situé entre Addi-Cheras au nord et Zatta, au sud, col Chidane-Méret, pentes nord de l'Amba-Raïo, jusqu'au confluent du Mai-Avolla et du Mariam-Sciavitu.

§ IV. *Exécution de la marche* [1]. — Le mouvement à exécuter constitue une véritable marche d'approche, à portée de l'ennemi.

La marche de chacune des trois colonnes a été réglée par l'état-major général conformément aux tableaux ci-joints.

Le dispositif adopté affecte la forme d'un losange, dont les sommets seront occupés chacun par une brigade.

Les heures du départ et celles des haltes ont été calculées de manière que les diverses colonnes puissent, à tout moment, se flanquer réciproquement et se prêter un mutuel appui.

La vitesse moyenne sera de deux kilomètres à l'heure.

Les gros de chaque brigade quitteront leurs bivouacs respectifs aux heures indiquées ci-après :

        Brigade Arimondi, 4 h. matin ;

        Brigade Dabormida, 4 h. 1/2 matin ;

        Brigade Albertone, 4 h. 1/2 matin ;

        Brigade Ellena, 5 h. 1/2 matin.

La première halte horaire aura lieu à 4 h. 50.

Une grande halte, d'une durée d'une heure et demie pendant laquelle

---

[1] Voir pièce annexe n° 4.

on consommera un repas froid et le café, sera faite à 10 h. 1/2, au moment où la brigade Arimondi arrivera à l'entrée est du Mariam-Sciavitu et où la brigade Albertone occupera le mont Amba-Raïo.

En pénétrant dans le Mariam-Sciavitu, le corps expéditionnaire prendra une formation préparatoire de combat, indiqué au § V ci-dessous.

§ V. *Mesures de sûreté pendant la marche et liaison des colonnes; dispositions éventuelles en cas de rencontre avec l'ennemi* [1]. — La brigade Arimondi sera l'avant-garde générale du dispositif; les brigades Dabormida et Albertone ses flancs-gardes, au nord et au sud; la brigade Ellena, son arrière-garde en même temps que sa réserve tactique.

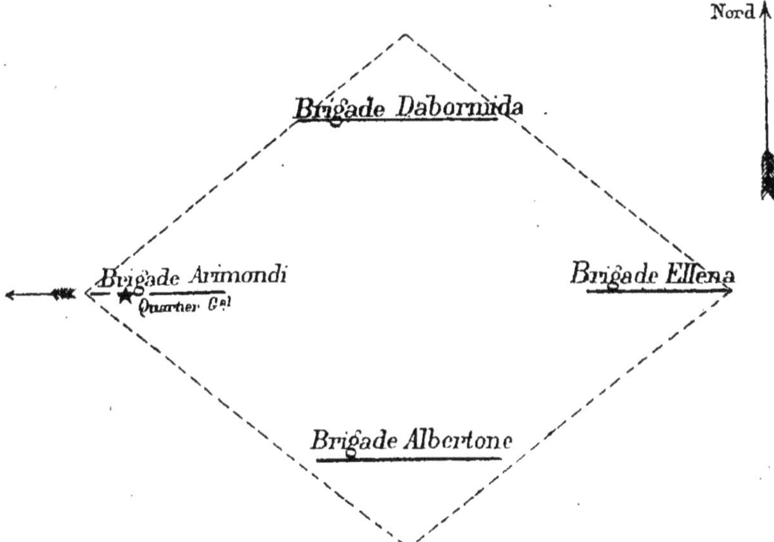

Chaque colonne aura, en outre, son avant-garde, ses flancs-gardes et son arrière-garde particulières.

On évitera, à tout prix, de dévoiler la marche du corps expéditionnaire, afin de gagner l'entrée du Mariam-Sciavitu sans éveiller l'attention de l'ennemi. Il sera rigoureusement interdit à quiconque de dépasser les avant-gardes et de sortir du réseau des flancs-gardes.

La liaison des colonnes est le point capital à assurer.

Cette liaison, ainsi que la régularité de la marche, seront obtenues à l'aide des dispositions suivantes :

1° Un officier de l'état-major général marchera à l'avant-garde de chaque colonne;

---

[1] Voir pièce annexe n° 2.

2° Arrivée à hauteur des monts Gandafta, l'avant-garde de chacune des trois colonnes enverra, sur les points culminants les plus rapprochés d'elle, une équipe de signaleurs, commandée par un officier ; ces équipes resteront en position jusqu'au moment du passage du dernier élément de leurs colonnes respectives ; elles feront connaître au quartier général et aux commandants des brigades, qui auront à se mettre en relations avec elles, le moment précis du passage à leur hauteur des différentes unités de marche et fourniront, en outre, tous les renseignements utiles.

Dans le même but, au moment de la grand'halte, la brigade Dabormida enverra une équipe de signaleurs sur le mont Irar et la brigade Albertone sur l'Amba-Raïo. Ces postes entreront en communication entre eux et avec le quartier général, qui sera alors au Sycomore, au sud du col de Rebbi-Arienne.

3° Les commandants de brigade profiteront, en outre, de tous les sentiers transversaux pour donner de leurs nouvelles au général en chef et aux colonnes voisines.

Grand'halte : Pendant la grand'halte, chaque colonne s'établira en halte gardée.

La brigade Arimondi occupera solidement les deux pitons qui commandent l'entrée du Mariam-Sciavitu ; la brigade Albertone installera son avant-garde sur le mont Raïo.

Suivant toutes probabilités, la marche ne sera pas sérieusement inquiétée avant la grand'halte. Si des coureurs ennemis se présentent sur les flancs, ils seront repoussés par les flancs-gardes, mais le corps principal devra poursuivre son mouvement, sans se laisser distraire du but à atteindre.

Reprise de la marche [1] *:* A midi, la marche générale sera reprise dans les conditions suivantes :

La brigade Arimondi pénètrera hardiment dans la vallée du Mariam-Sciavitu et se portera sur la rive droite (Nord). Le chemin qui longe cette rive sera l'axe de son mouvement.

La brigade Dabormida quittera les pentes nord des monts Esciascio et se dirigera vers les hauteurs qui forment le versant nord de la vallée ; elle se placera en échelon, en arrière et à droite de la brigade de tête. Elle se couvrira au nord par une solide flanc-garde.

Entre temps, la brigade Albertone se concentrera à l'entrée du défilé qui donne accès dans la vallée et prendra ensuite la queue de la brigade Arimondi.

---

[1] Cette partie de l'ordre sera communiquée aux commandants de brigade pendant la grand'halte.

Elle franchira le Mai-Avolla et gravira les hauteurs de la rive gauche du Mariam-Sciavitu ; elle suivra alors cette ligne de crêtes dans la direction de l'ouest. La brigade indigène formera ainsi échelon en arrière et à gauche de la brigade Arimondi. Elle se fera flanquer sur sa gauche.

Enfin, la brigade Ellena abandonnera le col de Robbi-Arienne et se rapprochera à son tour de l'entrée du vallon ; elle occupera avec deux bataillons et ses deux batteries les pitons D et E. Ses quatre autres bataillons descendront dans la vallée du Mariam-Sciavitu et s'y masseront : deux sur la rive droite, deux sur la rive gauche, à 1 kilomètre en avant du défilé.

Chaque brigade prendra une formation en losange, appropriée au terrain.

La distance entre les échelons de brigade sera de 1500 à 1800 mètres au maximum. La direction sera donnée par la brigade Arimondi qui devra régler son mouvement de manière à permettre aux trois autres de venir prendre leurs places respectives dans le dispositif général.

On conservera, autant que possible, ce dispositif, tout en prenant, dans chaque unité, les formations appropriées aux circonstances et au terrain ; mais, on évitera, par-dessus tout, de se déployer sur des fronts étendus.

Attaque du camp abyssin : Le camp du Négus qu'il s'agit d'attaquer est placé dans la conque d'Adoua entre Addi-Abun, Adoua, l'Amba-Scelloda et l'Amba-Garrima. Uaabit en occupe le centre.

La brigade Arimondi prendra pour objectif Uaabit.

La brigade Dabormida appuiera ce mouvement à droite, en se couvrant du côté d'Addi-Abun ;

La brigade Albertone prendra pour premier objectif le mont Mariam-Sciavitu, puis l'Amba-Scelloda ;

La brigade Ellena marchera en échelon derrière le centre et constituera la réserve générale.

La tactique à employer contre les masses impétueuses de l'ennemi, consistera surtout à se sentir les coudes et à conserver des formations échelonnées, se soutenant mutuellement à portée de fusil.

Les munitions devront être ménagées, les feux d'infanterie seront exécutés par salves et généralement à courtes distances.

Si l'on parvient à surprendre l'ennemi, les avant-gardes s'engageront énergiquement, surtout par des feux d'artillerie, mais sans aventurer l'infanterie.

§ VI. *Mouvements du quartier général.* — Le quartier général cessera de fonctionner à Addi-Dicchi le 1er mars à 4 heures du matin, heure à laquelle il se mettra en mouvement, en tête du gros de la brigade Arimondi.

Les communications intéressant la marche des trois colonnes lui seront adressées, ou communiquées par l'optique, avant 7 heures du matin, au col qui sépare les monts Gandafta et les hauteurs d'Adi-Cheras.

Pendant la grand'halte, il s'établira au Sycomore (sud-est du col de Rebbi-Arienne).

Il se portera ensuite (midi) sur le piton situé au nord du confluent du Mai-Avolla et du Mariam-Sciavitu.

Enfin, au moment de l'entrée dans la vallée du Mariam-Sciavitu, il marchera en tête du gros de la brigade Arimondi.

§ VII. *Prescriptions diverses*. — Chaque soldat emportera avec lui 120 cartouches, deux jours de vivres de réserve, deux rations d'eau-de-vie, la capote, le bidon et la poche à pain.

A la queue de chaque brigade, marchera groupé son train de combat, composé des animaux de bât de chaque bataillon (deux avec le matériel sanitaire et huit portant les cartouches de réserve) et de chaque batterie (un avec le matériel sanitaire et quinze portant les munitions de réserve).

Tous les animaux de bât non utilisés seront dirigés sur Entiscio ; ils seront escortés dans les conditions ci-après :

Un soldat par dix animaux, en plus des conducteurs ; un gradé par bataillon ou batterie ; un officier subalterne, par régiment. Un capitaine de la brigade Ellena prendra le commandement de ces équipages qui seront placés à Entiscio, sous l'autorité du commandant d'étapes, lequel reçoit des instructions particulières.

Le commandant du génie pourvoiera au prolongement de la ligne télégraphique à la suite du quartier général ; il prendra ses mesures pour que celui-ci soit mis sans retard en communication optique ou télégraphique avec les trois colonnes.

Ligne de repli. — Si l'ordre était donné de se replier, la retraite aurait lieu dans la direction générale d'Entiscio ; chaque brigade suivrait la route qui lui a été assignée pour la marche en avant.

On s'arrêterait sur les hauteurs de Zala, Addi-Dicchi, Sauria, où une solide position de repli a été organisée.

Au présent ordre, est joint un ordre du jour, qui sera lu aux troupes, le 29 février, à l'appel de midi [1].

---

[1] Voir pièce annexe n° 5.

Tableau de marche pour la journée du 1er mars 1896[1].

COLONNE DE DROITE OU DU NORD.

Commandant : Général DABORMIDA.

Itinéraire : Col de Zala ; col Guldam, sentier qui se dirige d'abord vers le nord pendant 1 kilomètre, puis vers l'ouest en contournant les monts Esciascio au nord, Mariam-Sciavitu.

Point initial : Point marqué B sur le croquis, au pied et à l'ouest du col de Zala.

Première halte horaire : 4 h. 50'.

Grand'halte : Au point marqué F sur le croquis, à 600 mètres au nord-ouest du mont Irar.

ÉLÉMENTS DE LA COLONNE.	POINT DE DÉPART des éléments.	HEURE DE PASSAGE au point initial.	DESTINATION des ÉLÉMENTS.	OBSERVATIONS.
		h. m.		
1° Avant-garde.				La vitesse moyenne de marche est de 2 kilomètres. Partout où cela sera possible, l'infanterie marchera par quatre, les animaux par deux.
Bataillon de milice mobile, 2 compagnies..................		3 45		
5e batterie de montagne.........		3 48		
Bataillon de milice mobile, 2 compagnies..................		3 56		
Compagnie indigène d'Asmara, 5' (1).....................		4 00		(1) Cette compagnie flanquera l'avant-garde vers le nord quand le terrain le permettra.
Distance : 500 mètres.				
2° Gros.	Bivouacs du col de Zala.		Vallée du Mariam-Sciavitu, par les pentes nord des monts Esciascio.	
État-major de la brigade.......		4 20		
5e bataillon d'infanterie.......		4 22		
6e batterie de montagne.......		4 30		
6e bataillon d'infanterie.......		4 34		Le 6e bataillon enverra deux compagnies en flanc-garde vers le nord quand le terrain le permettra.
10e bataillon d'infanterie.......		4 42		
3e bataillon d'infanterie.......		5 10		
7e batterie de montagne.......		5 18		
13e bataillon d'infanterie.......		5 20		
Train de combat.............		5 27		
Distance : 300 mètres.				
3° Arrière-garde.				
14e bataillon d'infanterie.......		5 47		

[1] Voir pièce annexe n° 4.

COLONNE DU CENTRE.

Brigades ARIMONDI et ELLENA. — Commandant : Général en chef.

Itinéraire : Addi-Dicchi, col situé entre les monts Gandafta, au nord, et les hauteurs d'Addi-Cheras au sud ; col de Rebbi-Arienne, vallon qui descend du col de Rebbi-Arienne vers le sud-ouest, vallée de Mariam-Sciavitu.

Point initial : Point marqué A sur le croquis, au pied d'Addi-Dicchi.

Première halte horaire : 4 h. 50'.

Grand'halte { à l'entrée du Mariam-Sciavitu pour la brigade Arimondi............ au col de Rebbi-Arienne pour la brigade Ellena............ } *Durée :* 2 heures.

ÉLÉMENTS DE LA COLONNE.	POINT DE DÉPART des éléments.	HEURE DE PASSAGE au point initial.	DESTINATION des ÉLÉMENTS.	OBSERVATIONS.
		h. m.		La vitesse moyenne de marche est de 2 kilomètres. Partout où cela sera possible, l'infanterie marchera par quatre, les animaux par deux.
BRIGADE ARIMONDI.				
1° Avant-garde.				
2 compagnies du 5° bataillon indigène..................		3 15		
État-major de la brigade........		3 24		
8° batterie de montagne........		3 25		
2 compagnies du 5° bataillon indigène..................		3 30		
Distance : 500 mètres.				
2° Gros.				
1/2 compagnie du génie........		4 00		
2° bataillon d'infanterie........		4 02		
Quartier général............		4 08		
11° batterie de montagne.......		4 10		
4° bataillon d'infanterie.......		4 14		
9° bataillon d'infanterie.......		4 20		
1er bataillon de bersagliers.....	Bivouac d'Addi-Dicchi.	4 28	Col de Rebbi-Arienne et vallée de Mariam-Sciavitu.	
2° bataillon de bersagliers.....		4 36		
Train de combat............		4 43		
Distance : 200 mètres.				
BRIGADE ELLENA.				
État-major de la brigade.......		6 08		
3° bataillon indigène..........		6 10		
1re batterie à tir rapide........		6 34		
2° batterie à tir rapide........		6 37		
7° bataillon d'infanterie.......		6 43		
8° bataillon d'infanterie.......		7 01		
11° bataillon d'infanterie.......		7 09		
Bataillon alpin.............		7 17		
15° bataillon d'infanterie.......		7 25		
Train de combat.............		7 33		
Distance : 500 mètres.				
3° Arrière-garde.				
16° bataillon d'infanterie.......		8 06		

COLONNE DE GAUCHE OU DU SUD.

Commandant : Général ALBERTONE, commandant la brigade indigène.

Itinéraire : Sauria, col situé entre les hauteurs d'Addi-Cheras, au nord, et les monts Zalta, au sud ; col de Chidane-Meret ; mont Raio ; pentes nord de l'Amba-Raïo, vallée de Mariam-Sciavitu.

Point initial : Point marqué C sur le croquis, au pied du mont Sauria, à l'ouest.

Première halte horaire : 4 h. 50'.

Grand'halte : Sur les pentes nord de l'Amba-Raïo ; à ce moment, la brigade aura une mission spéciale de flanc-garde.

ÉLÉMENTS DE LA COLONNE.	POINT DE DÉPART des éléments.	HEURE DE PASSAGE au point initial.	DESTINATION des ÉLÉMENTS.	OBSERVATIONS.
		h. m.		
1° Avant-garde.				La vitesse moyenne de marche est de 2 kilomètres. Partout où cela sera possible, l'infanterie marchera par quatre, les animaux par deux.
1er bataillon indigène, 2 compagnies..............		4 00		
1re batterie indigène...........		4 07		
1er bataillon indigène, 2 compagnies..................		4 15		
Distance : 500 mètres.				
2° Gros.				
État-major de la brigade.......		4 35		Le 6e bataillon enverra une compagnie en flanc-garde vers le sud quand le terrain le permettra.
6e bataillon indigène...........		4 37		
2e batterie indigène.............		5 03		
3e batterie indigène............		5 06		
7e bataillon indigène...........		5 09		
4e batterie indigène............		5 25		
8e bataillon indigène...........		5 28		*Id.* pour le 7e bataillon.
Train de combat...............		5 44		
Distance : 500 mètres.				
3° Arrière-garde.				
Bandes de l'Okulé-Kusai........		6 17		

Bivouac de Sauria. — Amba-Raïo, puis vallée de Mariam-Sciavitu.

C.— Ordres particuliers annexés à l'ordre de mouvement pour la journée du 1er mars.

ORDRE PARTICULIER N° 8.

Au Médecin en chef du corps expéditionnaire a Addi-Dicchi.

Addi-Dicchi, 29 février 1896.

Une bataille décisive est imminente.

M. le médecin en chef prendra sur le champ les dispositions techniques en vue de cet engagement.

Il veillera notamment à assurer les moyens de transport des blessés et à recompléter les caisses de médicaments.

Il adressera d'urgence à l'état-major général un état relatant ses besoins en animaux de bât supplémentaires pour l'ambulance du quartier général.

ORDRE PARTICULIER N° 9.

Au Commandant du gîte d'étapes a Entiscio.

Addi-Dicchi, 28 février 1896, midi.

Le corps expéditionnaire quittera, le 1er mars, à 4 heures du matin, ses bivouacs de Zala-Sauria et se portera, en trois colonnes, dans la direction d'Adoua. Ses impédimenta seront dirigés sur Entiscio, le 29 février, dans l'après-midi, avec une escorte commandée par un capitaine. Jusqu'à nouvel ordre, ils feront partie intégrante du convoi.

Le parc d'artillerie s'avancera, le 29, dans la nuit, jusqu'à Addi-Dicchi, où son chef recevra des instructions.

Les équipages, le convoi administratif et les autres services demeureront à Entiscio, prêts à se mettre en marche au premier signal, sous la protection des 12e et 18e bataillons italiens, qui occuperont le col de Zala-Sauria.

Les bersagliers, détachés actuellement au convoi, rentreront à leur bataillon le 29 février au matin.

ORDRE PARTICULIER N° 10.

Au Commandant de l'artillerie a Addi-Dicchi.

Addi-Dicchi, 28 février 1896, 1 heure soir.

Le 1er mars, à 1 heure du matin, le parc d'artillerie s'avancera d'Entiscio jusqu'à Addi-Dicchi.

Il se tiendra prêt à répondre à toute demande de munitions qui lui serait adressée au cours de l'engagement qui est imminent.

A cet effet, il formera une colonne légère de munitions d'infanterie et d'artillerie qui sera escortée, dans sa marche en avant, par une compagnie du 18e bataillon italien.

ORDRE PARTICULIER N° 11.

Au Lieutenant-Colonel commandant les 12e et 18e bataillons italiens, a Entiscio.

A remettre au lieutenant-colonel X... dès son arrivée à Entiscio.

Addi-Dicchi, 28 février 1896.

Le 29 février, à 5 heures du soir, le 12e bataillon, laissant une compagnie à la garde du convoi, viendra bivouaquer avec les trois autres au col de Zala ; le 18e bataillon enverra, à la même heure, deux compagnies à Addi-Dicchi et deux compagnies à Sauria.

Le 1er mars, à 5 heures du matin, ces troupes occuperont solidement les ouvrages construits sur ces trois points et les renforceront au besoin.

La mission confiée au lieutenant-colonel X... consiste :

1° A garder soigneusement les derrières du corps expéditionnaire, pendant sa marche sur Adoua ;

2° A couvrir le convoi qui est à Entiscio ;

3° Enfin, à recueillir le corps expéditionnaire sur la position Zala, Sauria, au cas où celui-ci serait obligé de se replier.

IIᵉ PARTIE.

THÈME D'OPÉRATIONS.

Le 25 février 1896, le général Baratieri a établi ses quatre brigades autour de Addi-Dicchi. Ses ravitaillements commencent à devenir difficiles et il craint de voir ses communications menacées.

Il se rapprochera de l'armée abyssine, qui se trouve en avant d'Adoua et prendra une position de nature à mieux couvrir ses communications et à menacer les Abyssins d'une attaque, tout en s'organisant pour livrer une bataille défensive, dans le cas où il serait lui-même attaqué.

D. — Mesures préparatoires.

En vue d'une bataille défensive-offensive :

1º Concentrer tous ses moyens d'action ;
2º Assurer et raccourcir, au besoin, sa ligne de communication ;
3º Organiser, sur ses derrières, une solide position de repli.

Ordre particulier nº 1. — Au commandant de la colonne d'Adi-Quala. Même ordre que l'ordre correspondant de la Iʳᵉ partie.

Ordre particulier nº 2. — Au colonel di Boccard à Mai-Marat. (Voir cet ordre ci-après.)

Ordre particulier nº 3. — Au commandant du convoi à Entiscio. Même ordre que l'ordre correspondant de la Iʳᵉ partie.

Ordre particulier n° 4. — A l'intendant en chef à Entiscio. Même ordre que l'ordre correspondant de la Ire partie.

Ordre particulier n° 5. — Au commandant de l'artillerie du corps expéditionnaire. Même ordre que l'ordre correspondant de la Ire partie.

Ordre particulier n° 6. — Au médecin en chef du corps expéditionnaire, à Entiscio. Même ordre que l'ordre correspondant de la Ire partie.

ORDRE PARTICULIER N° 2.

AU COLONEL DI BOCCARD A MAI-MARAT

Addi-Dicchi, 25 février 1896, midi.

Les 12ᵉ et 18ᵉ bataillons italiens quitteront Mai-Marat et se dirigeront sur Entiscio de manière à y être rendus le 28 février dans la soirée.

La 11ᵉ batterie marchera avec ces bataillons et rejoindra la brigade Arimondi à Addi-Dicchi.

Un convoi, formé à Mai-Marat, partira avec cette colonne. Les chefs des différents services reçoivent des instructions à cet égard.

Les malades et les écloppés ne seront point emmenés.

Des ordres ultérieurs seront envoyés au sujet de la ligne d'étapes du corps expéditionnaire.

ORDRE PARTICULIER N° 7 [1].

AU COMMANDANT DU GÉNIE DU CORPS EXPÉDITIONNAIRE, A ADDI-DICCHI.

Étude de la position du col Guldam.

Addi-Dicchi, le 25 février 1896, 8 heures soir.

Le commandant du génie étudiera immédiatement les travaux de campagne à exécuter sur la position monts Gandafta, col Guldam, en vue de l'organiser défensivement contre une attaque venant de l'ouest; les flancs de cette position seront l'objet d'une attention particulière.

Les propositions du commandant du génie devront parvenir au général en chef, le 26 février, dans la soirée.

Elles seront établies sur les bases suivantes :

Travailleurs.	2 bataillons d'infanterie......	900 hommes.
	1/2 compagnie du génie.......	70 —
	Indigènes....................	500 —
	TOTAL.................	1470 hommes.

Outils : Outils de ces corps et ceux du parc.

Durée des travaux : 24 heures au minimum; 48 heures au maximum.

---

[1] Voir la pièce annexe n° 9, qui résume les propositions du commandant du génie.

ORDRE GÉNÉRAL N° 1 [1].

La ligne d'étapes est reportée vers l'ouest.

Addi-Dicchi, 25 février 1896, 9 heures matin.

A dater du 1er mars (1 heure du matin), la ligne d'étapes du corps expéditionnaire passera par Addi-Caïé, Hoja et Addi-Cras [2].

---

[1] Cet ordre a été télégraphié, le 26 février, à 6 heures du matin, au vice-gouverneur à Massouah, aux commandants d'étapes à Adi-Caïé et à Mai-Marat, au commandant de la garnison d'Adigrat.

[2] Voir pièce annexe n° 7 et le croquis ci-dessous.

DISTANCES.

ANCIENNE LIGNE D'OPÉRATIONS.

D'Adoua à Entiscio	40	kilomètres.
D'Entiscio à Mai-Marat	35	—
De Mai-Marat à Adi-Caïé	50	—
D'Adi-Caïé à Massouah	100	—
TOTAL	225	kilomètres.

NOUVELLE LIGNE D'OPÉRATIONS.

D'Adoua à Addi-Cras	33	kilomètres.
D'Addi-Cras à Hoja	22	—
D'Hoja à Adi-Caïé	45	—
D'Adi-Caïé à Massouah	100	—
TOTAL	200	kilomètres.

Différence en faveur de la nouvelle ligne :
25 kilomètres.

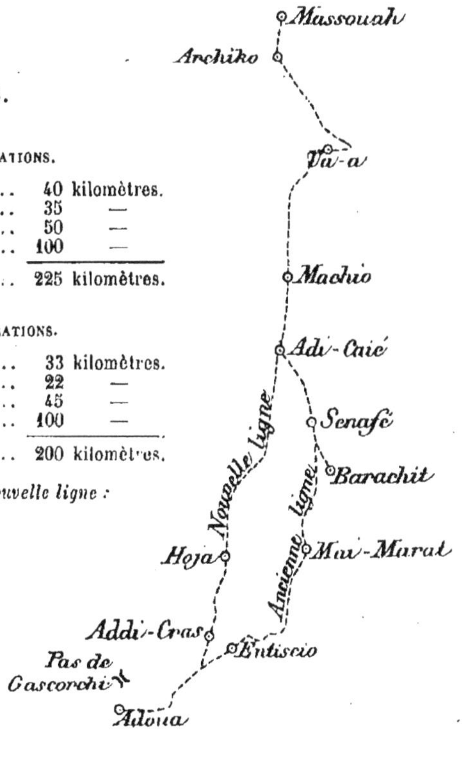

Le 20e bataillon se rendra de Mai-Marat à Hoja, le 17e, de Barachit à Mai-Marat ; ces mouvements devront être achevés le 29 février.

Le convoi, réuni actuellement à Entiscio, se transportera le 28 février à Addi-Cras.

Les garnisons d'Adigrat et de Mai-Marat continueront à être ravitaillées par l'ancienne ligne d'étapes.

Les bersagliers, détachés actuellement au convoi, rentreront à leurs bataillons le 28 février, au matin.

Les parcs d'artillerie et du génie se rendront à Addi-Dicchi, le 28 février.

Le vice-gouverneur de l'Erythrée, les commandants de l'artillerie et du génie, l'intendant et le médecin en chef, les commandants de la ligne d'étapes donneront, chacun en ce qui le concerne, les instructions de détail pour l'exécution du présent ordre. Il en sera rendu compte.

ORDRE PARTICULIER N° 8 [1].

AU COLONEL COMMANDANT LA LIGNE D'ÉTAPES, MAI-MARAT.

La ligne d'étapes est reportée vers l'ouest.

Addi-Dicchi, 25 février 1896, midi.

Dès que les 12e et 18e bataillons auront quitté Mai-Marat, le colonel di Boccard se rendra, avec le 20e bataillon, à Hoja.

Il donnera l'ordre au 17e bataillon, qui est actuellement à Harachit, de le remplacer à Mai-Marat.

Ces mouvements devront être achevés le 29 février.

Le colonel di Boccard aura le commandement supérieur de la ligne d'étapes, qui passera à partir du 1er mars, par Addi-Cras, Hoja et Adi-Caïé (ordre général n° 1 ci-joint).

Des travaux de défense seront entrepris d'urgence à Hoja ; ce point ne sera abandonné que sur un ordre formel du général en chef.

---

[1] Cet ordre a été télégraphié directement et confirmé par exprès.

E. — Ordre de mouvement.

ORDRE DE MOUVEMENT POUR LA JOURNÉE DU 1er MARS 1896.

Au quartier général d'Addi-Dicchi, le 29 février 1896.

§ I. *Situation générale et renseignements sur l'ennemi.* — L'armée abyssine est campée dans la conque d'Adoua.

Le général en chef a résolu de porter le corps expéditionnaire vers l'ouest et de l'y établir sur une position défensive, qui couvrira mieux ses communications et d'où il pourra, en menaçant Adoua, contraindre Ménélik à une action générale.

§ II. *Mouvements du corps expéditionnaire.* — Demain, 1er mars, le corps expéditionnaire ira occuper la position qui s'étend entre l'Amba-Raïo et l'entrée de la vallée du Mariam-Sciavitu au sud des monts Esciascio.

Il marchera dans l'ordre suivant :

a) Colonne de droite (général DABORMIDA).

2e brigade d'infanterie ;
Bataillon de milice mobile ;
5e, 6e et 7e batteries de montagne.

Objectif : pente nord-est du mont Irar.

b) Colonne du centre (général ARIMONDI).

1re brigade d'infanterie ;
5e bataillon indigène ;
Auxiliaires du Saraë ;
8e et 11e batteries de montagne.

Objectif : entrée nord-est du vallon de Mariam-Sciavitu.

c) Colonne de gauche (général ALBERTONE).

4 bataillons indigènes ;
1re, 2e, 3e et 4e batteries indigènes.

Objectif : Amba-Raïo.

d) Réserve (général ELLENA).

3e brigade d'infanterie ;
3 bataillons indigènes ;
2 batteries à tir rapide.

Objectif : coude nord du Mai-Farras à l'est du Sycomore.

La colonne de droite suivra la direction col de Zala, col Guldam, pentes nord du mont Irar ;

La colonne du centre et la réserve, la direction Addi-Dicchi, col situé entre les monts Gandafta et les hauteurs d'Addi-Chéras, col de Relbi-Arienne, confluent du Mai-Avolla et du Mariam-Sciavitu ;

La colonne de gauche, la direction Sauria, col situé entre Addi-Cheras et Zatta, col Chidane-Merel, Amba-Raïo ;

Les 12e et 18e bataillons et la demi-compagnie du génie, formant une colonne spéciale, suivront la même route que la brigade Dabormida, mais ils s'arrêteront au col Guldam ;

Le quartier général marchera en tête du gros de la brigade Arimondi.

§ IV. *Exécution de la marche*. — Le mouvement de chaque colonne a été réglé par l'état-major général ; il est détaillé dans les tableaux de marche ci-annexés.

Le dispositif, adopté pour l'ensemble du corps expéditionnaire, est exactement représenté par un losange, dont les sommets font face aux quatre points cardinaux.

Les heures de départ et les haltes, ont été calculées, de manière que les brigades puissent, à tout moment, se prêter un mutuel appui et se flanquer réciproquement.

La vitesse moyenne sera de 2 kilomètres à l'heure.

Les gros de chaque brigade quitteront leurs bivouacs respectifs :

> La brigade Arimondi, à 4 heures du matin ;
> La brigade Dabormida, à 4 h. 1/2 du matin ;
> La brigade Albertone, à 4 h. 1/2 du matin ;
> La brigade Ellena, à 5 h. 1/2 du matin ;
> La colonne spéciale, à 5 h. 3/4 du matin.

La première halte horaire aura lieu à 4 h. 50.
Il n'y aura pas de grand'halte.

TABLEAUX DE MARCHE.

Ces tableaux sont les mêmes que ceux de la première partie, auxquels nous prions de se reporter.

Les destinations des éléments sont seules à modifier, ainsi qu'il est indiqué au § II ci-dessus : objectifs de chaque colonne.

Un tableau spécial a été dressé pour la colonne des 12e et 18e bataillons, qui se rend au col Guldam, avec la demi-compagnie du génie (voir ci-après).

Tableau de marche pour la journée du 1er mars 1896.

COLONNE SPÉCIALE.

Commandant : Lieutenant-colonel X...,

Itinéraire : Col de Zala, col Guldam.
Point initial : Point marqué B, au pied du col de Zala.
Première halte horaire : 6 h. 35.

ÉLÉMENTS DE LA COLONNE.	POINT DE DÉPART des éléments.	HEURE DE PASSAGE au point initial.	DESTINA- TION des ÉLÉMENTS.	OBSERVATIONS.
		h. m.		
1° *Avant-garde.*				
1/2 compagnie du génie........		5 45		
Distance : 200 mètres.				
2° *Gros.*				
12ᵉ bataillon d'infanterie.......	Bivouac de Zala.	5 57	Col Guldam.	
18ᵉ bataillon : 3 compagnies....		6 05		
Distance : 300 mètres.				
3° *Arrière-garde.*				
18ᵉ bataillon : 1 compagnie.....		6 18		

§ V. *Mesures de sûreté et liaison des colonnes. Cas de rencontre avec l'ennemi.* — La brigade Arimondi formera l'avant-garde générale du dispositif; les brigades Dabormida et Albertone, ses flancs-gardes, au nord et au sud ; la brigade Ellena, son arrière-garde, en même temps que sa réserve. Chaque colonne aura, en outre, son avant-garde, ses flancs-gardes et son arrière-garde particulières.

On évitera, par tous les moyens, de dévoiler la marche du corps expéditionnaire, de manière à gagner, si possible, la position choisie sans éveiller l'attention de l'ennemi.

Il sera rigoureusement interdit à quiconque de dépasser les avant-gardes et de sortir du réseau des flancs-gardes. La liaison des colonnes, ainsi que la régularité de la marche, seront obtenues à l'aide des dispositions suivantes :

1° Un officier de l'état-major général marchera en tête du gros de chaque colonne ;

2° Des postes de signaleurs seront envoyés par les avant-gardes sur les sommets des monts Gandafta et Adi-Théras ; ils auront pour mission de signaler au général en chef le passage à leur hauteur des divers éléments de leurs brigades respectives et de lui faire parvenir tous renseignements utiles.

Dé même, dès l'arrivée sur la position, des équipes de signaleurs seront placées sur les monts Irar et Amba-Raïo.

Ces postes entreront immédiatement en communication entre eux et avec le quartier général, qui s'établira provisoirement au Sycomore (au sud du col de Rebbi-Arienne) ;

3° Les commandants des colonnes profiteront, en outre, de tous les chemins transversaux pour communiquer avec le général en chef.

Dès l'arrivée sur la position, chaque colonne s'établira en halte gardée.

L'avant-garde de la brigade Arimondi occupera solidement les deux pitons qui commandent l'entrée du vallon du Mariam-Sciavitu ; celle de la brigade Albertone s'installera sur l'Amba-Raïo, leurs artilleries garniront ces trois sommets.

Suivant toutes probabilités, la marche ne sera pas sérieusement inquiétée. Si des coureurs ennemis se présentent sur les flancs, ils seront repoussés par les troupes en flanc-garde et, au besoin, par quelques fractions des colonnes latérales, mais le corps principal devra poursuivre son mouvement sans se laisser entamer ni distraire du but à atteindre.

Si une attaque se produit au moment de l'arrivée sur la position, celle-ci sera immédiatement occupée, conformément aux prescriptions contenues dans le § VIII ci-après.

§ **VI.** *Mouvements du quartier-général.* — Le quartier-général cessera de fonctionner à Addi-Dicchi le 1er mars, à 4 heures du matin.

Les communications intéressant la marche des colonnes seront adressées, avant 7 heures, au col qui sépare les monts Gandafta des hauteurs d'Adi-Chéras.

A 8 h. 3/4, le quartier général s'établira au Sycomore (au sud du col de Rebbi-Arienne).

§ **VII.** *Prescriptions diverses.* — Chaque soldat emportera sur lui le nombre de cartouches réglementaire, deux jours de vivres de réserve et deux jours d'eau-de-vie.

A la queue de chaque brigade, marchera son train de combat, composé des animaux de bât de chaque bataillon (2 de matériel sanitaire, 8 de munitions) et de chaque batterie (1 de matériel sanitaire, 15 de munitions).

Tous les animaux restant disponibles seront dirigés sur Adi-Cras.

ORDRE DE MOUVEMENT POUR LA JOURNÉE DU 1er MARS 1896.

2e PARTIE.

§ VIII. *Bivouacs et positions à prendre*[1]. — Dès que les brigades auront atteint les objectifs fixés au § II, elles prendront position, d'après les indications suivantes :

1re LIGNE : *a)* Brigade ALBERTONE, à l'Amba-Raïo, avec un flanc-garde ou poste détaché au col de Chidane-Maret.

b) Brigade ARIMONDI, à l'entrée nord-est du vallon de Mariam-Sciavitu.

Ces deux brigades se relieront entre elles par la ligne de hauteurs qui dominent la rive droite du Mai-Avolla.

2e LIGNE : *a)* Brigade DABORMIDA, sur les pentes nord-ouest du mont Irar, formant échelon en arrière à droite de la brigade Arimondi.

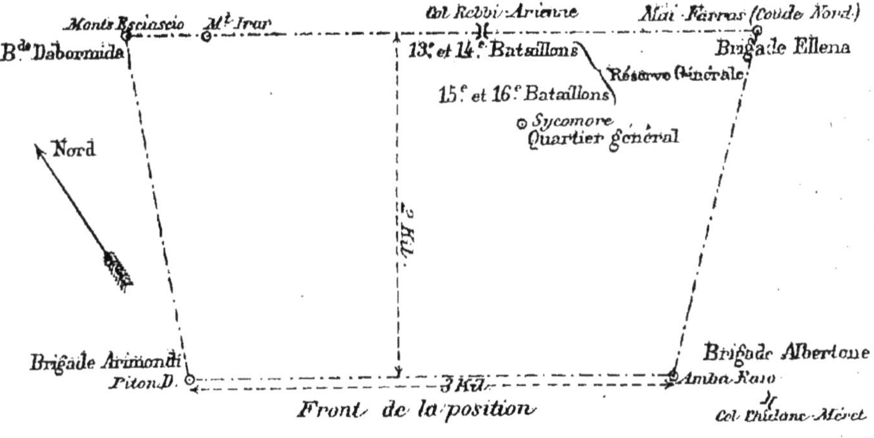

b) Brigade ELLENA, au coude nord du Mai-Farras (à l'est du Sycomore), formant échelon en arrière à gauche de la brigade Albertone.

Chaque brigade étudiera immédiatement son terrain de combat et y exécutera les travaux de défense nécessaires. On veillera principalement à la sécurité des ailes.

---

[1] Voir pièce annexe n° 8.

En outre, une position de repli sera organisée sur les derrières, à hauteur du col Guldam ; elle sera occupée et mise en état de défense par les 12e et 18e bataillons et par la demi-compagnie du génie, secondés par 500 travailleurs indigènes.

Les bivouacs seront établis sur place, en évitant d'étendre les fronts.

§ IX. *Avant-postes.* — Les avant-postes seront fournis par brigade ; la 1re ligne, en avant du front et sur les ailes extérieures ; la 2e ligne, sur les flancs, avec des postes de liaison entre les deux lignes.

Le col de Chidane-Méret et l'entrée du Mariam-Sciavitu seront fortement gardés.

On ne dépassera pas le fond de la vallée du Mai-Avolla.

§ X. *Alimentation et ravitaillements.* — On vivra sur les vivres du sac. Des ordres ultérieurs seront donnés pour le ravitaillement qui se fera par le col Guldam.

§ XI. *Convois.* — Le convoi restera, jusqu'à nouvel ordre, à Adi-Cras.

§ XII. *Service des étapes.* — La ligne d'étapes passera, à partir du 1er mars, par Adi-Caïé, Hoja et Adi-Cras.

§ XIII. *Service de la télégraphie.* — Le quartier général sera relié, le plus tôt possible, avec Adi-Cras, le col Guldam et avec les commandants des brigades.

§ XIV. *Service de santé.* — Une ambulance sera établie au col de Rebbi-Arienne et une autre au col Guldam. Tous les malades et blessés seront évacués sur ces deux points.

Trois hôpitaux de campagne sont à Adi-Cras.

§ XV. *Service de la trésorerie et des postes.* — Ce double service s'établira au Sycomore avec le quartier général.

§ XVI. *Rapport du quartier général.* — Le rapport aura lieu, le 1er mars, à 4 heures du soir, au Sycomore.

Les commandants des brigades y feront rendre compte des dispositions qu'ils auront prises et des travaux qu'ils auront prescrits.

§ XVII. *Mot.* — Naples—Napoléon.

§ XVIII. *Prescriptions diverses.* — Si la retraite était ordonnée, elle aurait lieu dans la direction du col Guldam où une forte position de repli a été organisée.

F. — Ordres particuliers annexés à l'ordre de mouvement.

ORDRE PARTICULIER N° 9.

Au Commandant du convoi a Adi-Cras.

Dispositions à prendre en vue de la journée du 1er mars.

Addi–Dicchi, 28 février, midi.

Le corps expéditionnaire quittera, le 1er mars, à la pointe du jour, ses bivouacs de Zala-Sauria et se portera, en trois colonnes, dans la direction de l'ouest.

Ses bagages inutiles et ses impédimenta seront dirigés sur Adi-Cras le 29 février, avec une escorte commandée par un capitaine ; jusqu'à nouvel ordre, ces bagages feront partie intégrante du convoi.

Le parc d'artillerie reçoit l'ordre de s'avancer, le 1er mars au matin, jusqu'au col Guldam.

Les différents services des étapes, réunis à Adi-Cras, se tiendront prêts à se mettre en marche au premier signal, sous la protection des 12e et 18e bataillons qui occuperont le col Guldam.

Tous les indigènes disponibles au convoi, ainsi que les outils du parc du génie, seront mis, pour la journée du 1er mars, à la disposition du lieutenant-colonel X. Ils seront rendus au col Guldam, le 1er mars, avant 6 heures du matin.

ORDRE PARTICULIER N° 10.

Au Commandant de l'artillerie a Addi-Dicchi.

Mouvement du parc d'artillerie, le 1er mars.

Addi-Dicchi, 28 février, midi.

Le 1er mars, à la pointe du jour, le parc d'artillerie s'avancera jusqu'au col Guldam.

Il se tiendra prêt à répondre à toute demande de munitions, qui lui serait adressée.

Il préparera, à cet effet, une colonne légère de munitions d'infanterie et d'artillerie, qui serait escortée dans sa marche en avant, par une compagnie du 18ᵉ bataillon.

ORDRE PARTICULIER Nᵒ 11,

AU LIEUTENANT-COLONEL COMMANDANT LES 12ᵉ ET 18ᵉ BATAILLONS A ENTISCIO.

Les 12ᵒ et 18ᵉ bataillons se rendront au col de Zala.

Addi-Dicchi, 28 février 1896.

Le 28 février, à 4 heures du soir, les 12ᵉ et 18ᵉ bataillons italiens viendront bivouaquer au col de Zala.

Dès son arrivée en ce point, le lieutenant colonel X... prendra connaissance de l'ordre du mouvement pour la journée du 1ᵉʳ mars. Il y trouvera, en outre, des instructions particulières pour la mission qu'il aura à remplir le 1ᵉʳ mars.

ORDRE PARTICULIER Nᵒ 12.

AU LIEUTENANT-COLONEL COMMANDANT LES 12ᶜ ET 18ᵉ BATAILLONS AU COL DE ZALA.

Rôle confié aux 12ᵉ et 18ᵒ bataillons, le 1ᵉʳ mars.

Addi-Dicchi, 29 février 1896.

Conformément aux prescriptions de l'ordre de mouvement, la 1/2 compagnie du génie, les 12ᵉ et 18ᵒ bataillons italiens formeront, le 1ᵉʳ mars, une colonne séparée, qui partira du col de Zala à 5 h. 1/3′ du matin [1].

Ces troupes iront occuper le col Guldam et les hauteurs avoisinantes. Secondées par les travailleurs indigènes disponibles au convoi, elles fortifieront cette position, d'après les indications du commandant du génie.

La mission spéciale, confiée au lieutenant-colonel X..., consistera :

1ᵒ A garder soigneusement les derrières du corps expéditionnaire ;

2ᵒ A couvrir le convoi, qui sera à Adi-Cras ;

3ᵒ Enfin, à recueillir le corps expéditionnaire sur la position monts Gandafta, col Guldam, au cas où celui-ci serait obligé de battre en retraite.

---

[1] Voir la pièce annexe nᵒ 6.

TROISIÈME PARTIE.

MÉMOIRE DE DISCUSSION FAISANT RESSORTIR LES AVAN-TAGES ET LES INCONVÉNIENTS DES DEUX PARTIS A PRENDRE.

AVANT-PROPOS.

Dans son numéro de janvier 1897, la *Revue militaire de l'Étranger* a exposé d'une façon magistrale, la situation respective des armées italienne et abyssine, à la veille de la bataille d'Adoua et elle a relaté très complètement les principales péripéties de cet engagement désormais célèbre.

Nous prierons donc le lecteur de se reporter, pour l'intelligence de ce qui va suivre, à cette captivante narration, qui servira de base à notre argumentation.

Le général Baratieri, commandant en chef du corps expéditionnaire de l'Erythrée, a fait paraître, depuis lors ses *Mémoires d'Afrique*, qui n'ont en rien infirmé le récit de la bataille fait par la *Revue militaire de l'Étranger*, et qui n'ont pas non plus eu le pouvoir de modifier notre première impression, ni notre manière d'apprécier les événements.

Qu'il nous suffise donc de rappeler, en quelques mots, la position critique dans laquelle se trouvait le corps expéditionnaire italien, le 25 février 1896.

Après la prise de Makallé, le Négus, grâce à d'habiles et lentes manœuvres, avait réussi à entraîner les Italiens dans l'Agamé, « pays très montagneux, très âpre, profondément coupé par des précipices, hérissé de pics et d'ambas aux flancs inaccessibles, véritable Suisse africaine ». Il avait, en dernier lieu, établi les campements de son armée de 100,000 hommes, à l'est d'Adoua.

Le général Baratieri l'avait suivi presque pas à pas, « espérant toujours être attaqué ». Les forces italiennes, s'élevant à 15,000 fantassins, avec 58 canons, étaient au bivouac près d'Entiscio sur les hauteurs de Zala-Sauria, à 30 kilomètres d'Adoua.

La ligne d'opérations entre Entiscio et Massouah, n'avait guère moins de 200 kilomètres, à travers une région difficile que la défection des Ras Sebath et Agos rendait peu sûre ; les animaux de bât manquaient ; ils mouraient de fatigue ou de maladie ; le service des ravitaillements s'en ressentait, et l'intendance avait déclaré « qu'elle n'était plus en mesure d'alimenter les troupes ».

Depuis quinze jours les deux armées s'observaient, sans entreprendre aucune opération décisive.

Ménélik n'ignorait pas toutes les difficultés avec lesquelles son adversaire était aux prises et il espérait bien le forcer à la retraite sans combat, en temporisant ; le temps travaillait pour lui.

Pour les Italiens, au contraire, l'expectative était ruineuse ; elle ne pouvait pas se prolonger davantage, sous peine d'amener un désastre ; il fallait prendre un parti.

De l'avis de ses généraux — peut-être un peu à contre-cœur — Baratieri se décide à « se porter à l'attaque de l'armée abyssine, toujours massée et immobile derrière son rempart de montagnes ».

Dans ces conditions, le général en chef italien devait-il marcher directement sur Adoua et attaquer son redoutable adversaire tête baissée ?

Ou bien était-il préférable pour lui de « se rapprocher simplement de l'armée abyssine et de prendre une position de nature à mieux couvrir ses communications et à menacer les Abyssins d'une attaque, tout en s'organisant pour livrer une bataille défensive ?

Quels étaient les avantages et les inconvénients de ces deux solutions ?

Tels sont les termes du problème que nous nous sommes posé.

Par suite, nous n'envisagerons pas ici l'hypothèse d'un mouvement de retraite sur Adi-Caïé, bien que cette éventualité ait été sérieusement examinée, à un moment donné, par le général Baratieri.

La marche en avant est résolue ; c'est donc seulement sur les conditions dans lesquelles elle devait être entreprise et exécutée que portera notre raisonnement.

CHAPITRE PREMIER.

AVANTAGES ET INCONVÉNIENTS AU POINT DE VUE ITALIEN D'UNE ATTAQUE DIRECTE DE L'ARMÉE ABYSSINE.

« L'expectative ne pouvait se prolonger davantage ; il fallait prendre une détermination. »

Du moment que l'on était décidé à recourir au sort des armes pour dénouer une situation tendue à l'extrême, le parti qui s'offrait tout d'abord au général en chef italien était de marcher droit à l'ennemi, de l'attaquer et de le battre.

N'est-ce pas d'ailleurs le but essentiel et primordial de toute action de guerre ?

La marche en avant, allait, il est vrai, avoir pour résultat immédiat d'allonger le « cordon ombilical » du corps expéditionnaire, peut-être de le couper complètement.

Mais qu'était-ce que cela, si l'on obtenait la victoire ? Si l'on parvenait à refouler les Choans dans leurs montagnes abruptes, si l'on entrait en maître dans Adoua et Axun, les villes saintes, la situation s'éclaircissait subitement. Un succès, c'était la sécurité rendue, *ipso facto,* aux communications avec l'arrière, le prestige des armes italiennes relevé, le moral des Abyssins et des dissidents profondément atteint.

Une victoire remportée sur le Négus en personne, c'était sans nul doute la paix obtenue à brève échéance.

D'ailleurs, au dire des généraux, les troupes étaient pleines d'enthousiasme et d'entrain ; elles demandaient à grands cris qu'on les menât au combat.

On se donnait aussi, en attaquant résolument, le bénéfice toujours certain de l'offensive contre ces Abyssins qui refusaient la bataille depuis un mois.

On renversait les projets de Ménélik qui escomptait les difficultés connues du ravitaillement et qui espérait bien, par ses dérobades calculées, contraindre les Italiens à une honteuse retraite.

La disproportion des forces en présence était certainement

considérable, mais elle était aussi plus apparente que réelle ; l'armée du Négus se composait, en effet, de bandes peu disciplinées, mal armées, à demi sauvages ; la discorde régnait, disait-on, parmi leurs chefs.

On pouvait, à coup sûr, compenser l'infériorité numérique, en appelant à soi les troupes détachées ou disponibles (colonne Ameglio, regiment di Boccard, 11e batterie), et en adoptant des formations tactiques appropriées.

Au surplus, la manière de combattre des Abyssins n'était plus un facteur inconnu, comme aux premiers temps de la conquête. Le général en chef avait une expérience consommée de cette guerre. Il savait que, chez ces peuplades, la guerre se fait par masses, qu'ils cherchent toujours à opérer l'enveloppement tactique.

N'avait-il pas proclamé lui-même que, contre l'attaque impétueuse de ces masses, il fallait « prendre des formations échelonnées, composées en première ligne de compagnies déployées, soutenues par l'artillerie, et, en deuxième ligne, d'unités en formation de rassemblement, prêtes à se porter sur le point le plus menacé » ? Cette tactique avait toujours réussi aux Italiens jusqu'alors.

Pourquoi, en l'employant aujourd'hui, n'amènerait-elle pas le succès, comme autrefois ?

Le général Baratieri n'ignorait pas que c'était la partie suprême qui allait être jouée ; mais ne fallait-il pas donner satisfaction à l'opinion publique énervée de la métropole, à ce ministre inquiet et impatient, qui réclamait une victoire à jour fixe et qui pensait pouvoir la décréter du fond de son cabinet ?

N'était-il donc plus le vainqueur de Coatit et de Sénafé, le général à qui l'on avait accordé à Rome, l'année précédente, les honneurs du triomphe ?

Aussi, la résolution de combattre, une fois prise, convenait-il de mettre tous les atouts dans son jeu, c'est-à-dire de préparer l'entrée en scène avec d'autant plus de calme que les circonstances étaient plus graves ; sans précipitation dans la conception, moins encore dans l'exécution.

Après avoir fait affluer à Entiscio tous les renforts disponibles et toutes les ressources échelonnées sur la ligne d'étapes, il importait de ne plus se préoccuper, pour l'instant du moins, que

de la protection immédiate des derrières du corps expéditionnaire.

La création d'une position de repli s'imposait donc à faible
distance du champ de bataille présumé.

Ces diverses mesures préventives pouvaient être prises du
25 février au 1er mars.

En agissant ainsi, on risquait, il est vrai, le tout pour le tout ;
en cas d'échec, la situation devenait particulièrement grave, mais
il fallait vaincre à tout prix et, pour cela, il importait d'en
prendre les moyens et de ne rien livrer au hasard.

A quelques centaines de lieues de là, à Madagascar, un général
français ne venait-il pas de donner un exemple frappant de
décision, et, coupant comme lui temporairement sa ligne de
communication, après en avoir tiré tout ce qu'elle pouvait
donner, ne devait-on pas espérer de la rouvrir bientôt par une
victoire éclatante ?

En résumé, l'attaque directe et immédiate offrait les avantages
et présentait les inconvénients suivants :

Avantages. — 1º Frapper un grand coup et dénouer une situation qui allait en s'aggravant tous les jours ;

2º Se ménager le bénéfice de l'offensive, c'est-à-dire imposer
sa volonté à l'ennemi ;

3º Mettre un terme aux lenteurs calculées et aux tergiver-
sations énervantes de l'adversaire et anéantir ses projets ;

4º Donner une satisfaction à l'enthousiasme des chefs et des
soldats, à l'inquiétude et à l'impatience de la métropole.

Inconvénients. — 1º Jouer une partie suprême sur un coup
de dé ;

2º Allonger et même couper sa ligne de communication ;

3º Offrir la bataille en rase campagne, dans un terrain difficile, à un adversaire cinq fois plus nombreux.

CHAPITRE II.

AVANTAGES ET INCONVÉNIENTS D'UNE POSITION DÉFENSIVE-OFFENSIVE.

Le général en chef italien avait un autre moyen de résoudre le redoutable problème qui se posait devant lui. Il pouvait, en effet, sans se lancer dans une attaque directe, pleine d'aléas, se rapprocher de l'armée abyssine et lui offrir le combat, c'est-à-dire, au lieu de prendre l'offensive pure, se placer sur le terrain de la défensive-offensive.

Pour mener à bien cette seconde combinaison, il s'agissait de s'avancer vers Adoua et de s'établir dans une position qui remplirait les conditions suivantes :

Donner à la ligne d'opérations une protection plus directe et plus efficace.

Menacer les Abyssins d'une attaque, tout en s'organisant pour livrer une bataille défensive, dans le cas où l'on serait soi-même attaqué ; en un mot, choisir son terrain de combat, l'organiser défensivement et l'imposer à l'ennemi.

Le simple énoncé de ces conditions fait ressortir tous les avantages d'une semblable détermination.

En effet, si l'on considère le théâtre des hostilités, on remarque que la position de Zala-Sauria fait face à l'ouest et que, par suite, elle ne protège que très indirectement la ligne d'opérations, qui a une direction générale nord-sud.

Posté à Adoua, l'adversaire n'a qu'à prononcer un mouvement un peu accentué vers le Nord pour menacer sérieusement cette ligne et produire non-seulement l'enveloppement tactique cher aux Abyssins, mais encore l'enveloppement stratégique du corps d'armée italien.

La position de Zala-Sauria devait donc être abandonnée au plus tôt, car elle ne répondait pas à la situation. On pourrait objecter que c'était une position de flanc ; mais, dans une région aussi tourmentée, tout mouvement pour prendre en flanc les Abyssins remontant vers le nord eût offert de graves difficultés.

Le général Baratieri en avait déjà tenté plusieurs et il n'avait pas pu les faire aboutir.

D'ailleurs, le service des ravitaillements ne s'opérait plus que d'une façon précaire, et l'intendance déclarait ne pouvoir plus faire vivre le corps expéditionnaire à une pareille distance de sa base d'opérations.

Y avait-il au moins plus à proximité d'Adoua une autre position répondant aux conditions imposées par les circonstances?

Celle qui a fixé notre choix (quadrilatère Amba-Raïo, confluent du Mai-Avolla, mont Irar, coude nord du Mai-Faras) nous semble y satisfaire pleinement.

Son front est tourné vers le sud-sud-ouest ; la ligne d'opérations se trouve déjà mieux couverte, et un léger déplacement de son axe vers l'ouest (par Hoja et Adi-Cras au lieu de Mai-Marat et Entiscio) lui rend toute la sécurité qui lui fait défaut. Et, chose remarquable, ce déplacement procure, en outre, l'avantage appréciable de raccourcir la longueur de cette ligne (175 kilomètres au lieu de 193), tout en permettant de gagner du terrain en avant.

Située à quelques kilomètres seulement des avants-postes abyssins, la nouvelle position menace directement Adoua ; elle fixe donc l'adversaire, paralyse ses mouvements, en ne lui laissant plus que deux alternatives : la retraite ou le combat.

Evidemment, Ménélick peut adopter la première, c'est-à-dire se dérober encore, en s'enfonçant dans le Sud. C'est un inconvénient si l'on veut à tout prix une solution immédiate et définitive. Mais serait-il aussi grand qu'on pourrait le croire?

Qui peut soutenir, en effet, la nécessité de livrer une bataille pleine de redoutables aléas, si l'on peut obtenir des résultats avantageux sans y avoir recours?

Car si Ménélick abandonne Adoua et Axun, sans coup férir, les Italiens y entrent aussitôt : succès moral et matériel considérable, obtenu sans aucun risque. Leur ligne d'étapes se trouve dégagée ; ils peuvent donc la réorganiser et recevoir, en toute sécurité, des renforts et des convois.

Si, au contraire, le Négus se décide à attaquer, il comblera les vœux des Italiens qui demandent le combat et qui seront placés dans les meilleures conditions pour recevoir le choc des masses abyssines.

En résumé, l'occupation d'une position défensive-offensive présentait de nombreux avantages et peu d'inconvénients :

1º Mieux couvrir la ligne d'opérations et en diminuer la longueur ;

2º Amener une solution ;

3º Compenser la disproportion des forces par une utilisation judicieuse du terrain.

Par contre, nous lui trouvons un inconvénient : celui de voir échapper la bataille désirée, si Ménélick se dérobait encore une fois.

Nous croyons avoir démontré que cette éventualité amènerait cependant le dénouement cherché.

CHAPITRE III.

CONCLUSIONS.

En présence du désastre subi par les Italiens, le 1er mars 1896, nous hésitons à conclure.

« La critique, en effet, est aisée et l'art est difficile », à la guerre surtout.

Cependant, sans vouloir se poser en arbitre infaillible, on peut dire que le général Baratieri fut vaincu à Adoua pour n'avoir adopté carrément aucune des deux solutions que nous venons d'examiner.

En effet, il n'avait pas l'intention formelle d'attaquer, car son « premier objectif était d'occuper la position comprise entre les cols de Rebi-Arienne et de Chidane-Meret ».

Et cependant, qu'arrive-t-il? Il attaque partout, puisque Albertone se lance à corps perdu vers l'Amba-Scelloda et que Dabormida s'engage inconsidérément dans le vallon du Mariam-Sciavitu.

Le plan du commandant en chef est bien conçu, le dispositif adopté pour la marche de ses quatre brigades ne prête pas à la critique ; nous avons cru devoir le conserver dans notre étude.

Ce qu'on peut lui reprocher personnellement c'est d'avoir entrepris de nuit un mouvement compliqué, dans un pays aussi difficile, et de n'avoir pas prévu l'éventualité d'une retraite.

Mais, dès le début, la direction de la marche lui échappe et, plus tard, celle du combat. Il ne commande plus ; seul, le hasard dirige les événements.

A qui incombe la responsabilité de ce désordre, peut-on se demander, non pour critiquer mais pour s'instruire ?

A cette question, nous croyons pouvoir répondre sans hésitation :

D'abord, à l'état-major général, qui n'a pas su prévoir, c'est-à-dire rédiger un ordre de mouvement précis et détaillé, coordonner la marche des trois colonnes, afin de les relier entre elles ; qui n'a pas pris les mesures nécessaires pour que le

général en chef fût renseigné constamment et qu'il pût ainsi
conserver la direction de la marche et du combat; qui n'a donné
enfin aux commandants des colonnes qu'un croquis inexact et
incomplet du théâtre des opérations (puisqu'un général de brigade, commandant de colonne, a pu prendre un col pour un
autre, ce qui a été le commencement du désarroi); ensuite, aux
généraux commandant les brigades, qui ont commis des erreurs
grossières de direction pendant la marche, qui ont engagé, sans
ordre, une lutte décisive et qui, enfin, ont opéré isolément, sans
jamais souder leurs brigades aux troupes voisines.

Après cette digression, revenons à notre sujet et tâchons de
conclure.

Tout bien pesé, la deuxième solution nous paraît préférable à
la première, car elle est basée sur les véritables principes de la
guerre, qui commandaient, semble-t-il, dans la circonstance, de
ne rien livrer au hasard et de mettre au contraire tous les atouts
dans son jeu, pour obtenir le succès ou, du moins, pour éviter
un désastre.

Il y a lieu de remarquer que l'adoption de cette solution n'ex-
cluait aucunement l'idée de prendre, à un moment donné, une
vigoureuse offensive ; qu'en s'établissant sur les berges escarpées
du Mai-Avolla, le corps expéditionnaire italien ne s'interdisait
pas la liberté de manœuvre.

Il pouvait, en effet, solidement établi sur cette position, recevoir le premier choc des masses ennemies; puis ce redoutable
élan rompu, se précipiter à son tour sur elles et achever leur
déroute.

IVᵉ PARTIE.

CONDITIONS PROBABLES DANS LESQUELLES AURAIT EU LIEU LA RENCONTRE ENTRE LES ITALIENS ET LES ABYSSINS.

AVANT-PROPOS.

Pour donner à notre récit un tour plus vif et une plus grande clarté, nous avons adopté la forme et le style d'un rapport sur des événements hypothétiques, qui se seraient déroulés, le 1ᵉʳ mars 1896, entre Addi-Dicchi et Adoua, dans les conditions où nous y avons amené le corps expéditionnaire italien (1ʳᵉ et 2ᵉ parties de ce travail).

Bien que nos conjectures reposent sur des faits réels, tels que les a relatés la *Revue militaire de l'Étranger*, l'imagination et l'invention auront nécessairement leur part aussi réduite que possible dans ce qui va suivre, car qui peut prévoir le sort des batailles! L'incident le plus insignifiant en apparence, la décision d'un chef même subalterne, l'héroïsme d'une troupe, produit quelquefois des résultats considérables, qui défient ou renversent toute prévision humaine.

Par suite, il nous sera difficile, malgré tout notre bon vouloir, d'imaginer et de retracer d'une façon circonstanciée les divers épisodes de ces deux batailles hypothétiques; nous nous bornerons donc à en établir l'ossature générale et la physionomie, tout en respectant la vraisemblance; puis nous déduirons les conséquences probables des faits et gestes des deux partis en présence.

Le chapitre premier sera consacré à la bataille offensive, telle que nous l'avons préparée dans la première partie; au chapitre second nous essaierons de reproduire les phases d'une bataille défensive-offensive, dont nous avons étudié les prodromes dans la 2ᵉ partie.

CHAPITRE PREMIER.

Le 1ᵉʳ mars au matin, les quatre brigades du corps expéditionnaire s'ébranlèrent successivement aux heures fixées par leurs
tableaux de marche respectifs.

Le quartier général marchait en tête du gros de la brigade
Arimondi. Un officier de l'état-major général accompagnait
chaque colonne.

A 6 heures, au moment même où le soleil apparaissait à l'ho-
rizon, les 12ᵉ et 18ᵉ bataillons venaient occuper les ouvrages établis les jours précédents à Zala, Addi-Dicchi, Sauria.

Arrivée à hauteur des monts Gandafta, Addi-Chéras, Zatta,
chaque avant-garde envoyait une équipe de signaleurs sur les
points culminants les plus rapprochés.

Vers 6 heures, le quartier général atteignait le col situé entre
les monts Gandafta et Addi-Chéras et y stationnait un moment.

Les signaleurs lui faisaient connaître :

1º Que l'ennemi ne s'était montré nulle part;

2º Que l'avant-garde de la brigade Arimondi s'avançait vers
le col de Rebbi-Arienne;

3º Que celle de la brigade Dabormida avait franchi le col
Guidam;

4º Que celle de la brigade Albertone se dirigeait vers le col
de Mariam-Sciavitu;

5º Qu'aucun incident grave ne s'était produit.

A 8 heures, le quartier général arrivait au Sycomore; il faisait
aussitôt communiquer au général Albertone, dont l'avant-garde
atteignait le col de Chidane-Méret, d'occuper l'Amba-Raïo et de
s'y établir solidement, en gardant soigneusement le col.

L'éveil n'avait pas été donné au camp abyssin et le mouvement
général se poursuivait sans encombre.

A 10 h. 1/2, la situation était la suivante :

La brigade Arimondi se massait à l'entrée du vallon de
Mariam-Sciavitu; son avant-garde couronnait les pitons D et E
qui commandent cette entrée;

La brigade Dabormida achevait de contourner par le nord les monts Esciascio et s'établissait en halte gardée sur leurs pentes nord-ouest;

La brigade Albertone était installée sur l'Amba-Raïo; un fort détachement restait au col de Chidane-Méret;

Enfin la brigade Elléna se concentrait au col de Rebbi-Arienné.

Le général en chef, se mettant en communication avec les postes optiques établis au mont Irar et sur l'Amba-Raïo, confirmait l'ordre de s'établir en halte gardée sur les positions actuelles, en évitant de pousser des pointes au delà et de dévoiler la présence du corps expéditionnaire.

Les troupes consommèrent un repas froid et prirent le café additionné d'eau-de-vie.

A midi précis, le corps expéditionnaire se remettait en marche, conformément aux ordres reçus pendant la grande halte[1].

Grâce à l'élargissement des sentiers, la vitesse de marche pouvait être portée au double (4,000 mètres en 60 minutes) et la longueur des colonnes était, par suite, diminuée de moitié.

Le chemin longeant la rive droite du Mariam-Sciavitu était l'axe du mouvement.

Brigade Arimondi. — *Midi.* — L'avant-garde de la brigade Arimondi pénétrait aussitôt dans la vallée et, suivant le chemin de la rive droite, y prenait la formation prescrite.

C'était d'abord le 5e bataillon indigène qui, précédé d'une pointe, marchait en colonne double ouverte, encadrant la 8e batterie.

A 200 mètres en arrière s'avançait le 2e bataillon en colonne double par le flanc des subdivisions; la 11e batterie était au centre de cette colonne.

Puis venaient les 4e et 9e bataillons par le flanc, se tenant à 500 mètres d'intervalle l'un de l'autre.

Enfin le 1er bersagliers, le train de combat et le 2e bersagliers fermaient la marche; ils suivaient le chemin à 400 mètres en arrière des précédents.

---

[1] Voir le § V de l'ordre de mouvement B.

Midi 50. — A midi 50, la brigade Arimondi faisait une halte de vingt minutes, et chacun de ses éléments serrait à sa distance.

Brigade Dabormida. — *Midi*. — Entre temps, la brigade Dabormida avait quitté les pentes des monts Esciascio.

1 heure. — Elle entrait bientôt à son tour dans le vallon de Mariam Sciavitu, dont elle suivait le versant nord, formant échelon en arrière à droite de la brigade de tête.

Le bataillon de milice mobile en colonne double ouverte et la 5e batterie constituaient son avant-garde.

Le 5e bataillon se tenait à 200 mètres de distance avec les 6e et 7e batteries. Il était en colonne double, mais ses subdivisions restaient par le flanc.

A 300 mètres plus loin, les 3e et 10e bataillons, marchant « de conserve » à 600 mètres d'intervalle, côtoyaient les hauteurs.

Enfin les 13e et 14e bataillons, encadrant le train de combat et se maintenant dans les traces de l'avant-garde, marchaient en colonne de bataillon en queue de la colonne, tandis que la compagnie d'Asmara et le 6e bataillon flanquaient le dispositif à droite sur le revers septentrional des hauteurs.

1 h. 50. — La brigade Dabormida était toute entière en ligne.

Brigade Albertone. — *Midi*. — De son côté, la brigade Albertone avait abandonné le mont Raïo.

1 heure. — A 1 heure, elle était massée à l'entrée du vallon de Mariam-Sciavitu et prenait immédiatement la queue de la brigade Arimondi. Elle franchissait le Mai-Avolla et gravissait ensuite les mamelons de la rive gauche.

Le 1er bataillon tenait la tête avec les 1re et 2e batteries; il s'avançait en colonne double ouverte, mais ses unités restaient par le flanc en raison des dificultés du terrain.

Le 6e bataillon, qui venait ensuite, déboîtait bientôt à gauche pour se placer en flanc-garde mobile.

A 500 mètres en arrière de l'avant-garde s'avançaient le 7e bataillon, suivi des 3e et 4e batteries, puis le 8e bataillon, encadrant le train de combat.

Les bandes de l'Okulé-Kusaï flanquaient cette arrière-garde à gauche.

2 h. 10. — La brigade Albertone est en ligne.

Brigade Ellena. — *Midi.* **—** Pendant le même temps, la brigade Ellena avait quitté le col de Rebbi-Arienne et s'était aussi rapprochée de l'entrée du Mariam-Sciavitu.

1 h. 40. — A 1 h. 40, les 7e et 8e bataillons italiens occupaient avec les deux batteries à tir rapide les pitons D et E.

Le 3e bataillon indigène, suivi du bataillon alpin, des 15e et 16e bataillons, se portait en avant. Ces troupes venaient se masser :

Le 3e bataillon indigène et le 15e bataillon sur la rive droite, le bataillon alpin et le 16e bataillon sur la rive gauche.

2 h. 30. — A 2 h. 30, les diverses unités de la brigade Ellena étaient arrivées sur les emplacements qui leur avaient été assignés comme première destination.

Parvenue à midi 55 au premier coude du torrent de Rubaja-Assa, l'avant-garde du général Arimondi apercevait devant elle les vastes campements des Choans. Une grande animation y régnait ; de tous côtés des guerriers couraient tumultueusement aux armes. C'est que l'alarme venait d'y être donnée quelques instants auparavant (midi 30) [1] par des chouafs (vedettes) postés sur le mont Mariam-Sciavitu et qui s'étaient repliés en toute hâte.

Le général Arimondi en rendait compte aussitôt au général en chef et celui-ci lui ordonnait de faire une halte de vingt minutes et de se préparer à l'attaque. Cet arrêt avait pour but de permettre aux brigades subordonnées de gagner leurs places respectives dans l'ordre de combat.

Le général Arimondi en profitait pour jeter son avant-garde sur la rive gauche du torrent, que la route traverse un peu au delà.

Le général en chef se portait en avant pour juger lui-même de la situation.

A 1 h. 15, il donnait le signal de la reprise de la marche.

Toutes les brigades s'ébranlent aussitôt, leurs compagnies de tête déployées.

L'artillerie de l'avant-garde du général Arimondi, bientôt rejointe par la 11e batterie, prend position sur le mamelon H et ouvre un feu violent sur les masses abyssines, qui cherchent à se rassembler.

---

[1] Voir pièce annexe n° 10.

Sous cette protection, le 5e bataillon indigène progresse en formation de combat; le 2e bataillon l'appuie à gauche et les 4e et 9e bataillons se placent en échelons derrière les ailes; ils sont l'un et l'autre en colonne double à vingt-quatre pas; le 4e bataillon a pour mission spéciale de servir de soutien à l'artillerie.

Les compagnies de tête atteignent la rive droite du Mai-Quala; elles ne sont plus qu'à 500 ou 600 mètres de l'ennemi. Elles garnissent alors cette rive et exécutent des feux de salve.

Les Choans, à peine formés, essaient de riposter, mais ils sont vite obligés, à la suite de pertes énormes, de se replier sur Uaabit.

Cependant le Négus était promptement revenu de sa surprise; connaissant l'infériorité numérique marquée du corps italien, il conçoit le projet de l'envelopper par les deux ailes, en se bornant à le maintenir sur son front.

A cet effet, il constitue une forte réserve à Uaabit et il forme quatre grosses colonnes qu'il lance bientôt à l'attaque :

La 1re, rassemblée entre Adoua et Adi-Abun, doit se porter sur le flanc droit de l'adversaire;

La 2e, partant de l'Amba-Scelloda, a pour objectif le mont Mariam-Sciavitu;

La 3e, débouchant par l'Enda-Chidane-Meret, prend pour direction l'entrée est du vallon de Mariam-Sciavitu;

La 4e, descendant des monts Abba-Garrima, doit se jeter sur les derrières des Italiens par le col de Chidane-Meret.

Ces colonnes se mirent en branle presque simultanément, entre 1 h. 50 et 2 heures, avec la fougue habituelle des Abyssins.

2 *heures*. — A ce moment même, l'avant-garde de la brigade Dabormida atteignait le dernier mamelon (K) de la rive droite du Mariam-Sciavitu, où elle installait son artillerie, puis elle déployait ses échelons derrière le petit affluent du Rubaja-Assa.

A 2 h. 20, elle reçut le choc de la 1re colonne abyssine; la compagnie d'Asmara fut complètement entourée, mais les feux croisés de l'artillerie et des 5e, 3e et 6e bataillons rejetèrent les Abyssins vers le nord; ils tentèrent une nouvelle charge sur la queue de la brigade Dabormida. Là, les attendaient les 1er et 2e bersagliers et le 3e bataillon indigène, que le général en chef avait dirigés de ce côté.

D'autre part le général Albertone avait reçu l'ordre d'occuper le mont Mariam-Sciavitu; il y arriva presque en même temps que la 2e colonne choanne. Ce fut une rencontre formidable. L'avant-garde italienne, bousculée, se rejeta en désordre sur son gros; un moment même les deux batteries indigènes furent compromises.

Mais les feux de flanc du 6e bataillon indigène et les coups directs des 3e et 4e batteries, établies en I, ébranlèrent les Choans.

Le 7e bataillon, ramenant le 1er au combat, s'élança à la baïonnette et, après une lutte acharnée, resta maître du mont Mariam-Sciavitu.

Les guerriers abyssins, refoulés sur le Mai-Quala, se joignirent à ceux de la 3e colonne.

Celle-ci s'avançait rapidement. Mais le général Baratieri avait vu le danger; prenant à la réserve (près de laquelle il était retourné) le bataillon alpin et le 16e bataillon, il les dirigeait sur les pentes est du mont Mariam-Sciavitu.

Le premier de ces bataillons fut presque aussitôt enveloppé; il allait être écrasé, lorsque des feux de salve, partant des pitons D et E, le dégagèrent momentanément. Toutefois, les Choans ne purent pas longtemps se maintenir dans cet entonnoir, où se concentraient les feux de six batteries et de cinq bataillons. Ils durent renoncer à enlever les pitons et se retirer vers les sources du Mai-Quala.

La 4e colonne abyssine atteignit le col de Chidane-Méret sans rencontrer de résistance; elle allait se diriger de là sur le col de Rebbi-Arienne, lorsque les fuyards des 2e et 3e colonnes vinrent jeter le trouble dans ses rangs. Elle renonça alors à son mouvement vers le nord et se replia vers les monts Semajata.

Le général Baratieri, croyant déjà tenir la victoire, donna l'ordre de se porter en avant, en indiquant comme objectifs : à Arimondi, Uaabit; à Albertone, l'Amba-Scelloda.

La brigade Arimondi fut bientôt arrêtée par des masses considérables; la brigade Dabormida la dégagea fort heureusement en débouchant sur sa droite.

5 heures. — Le général Albertone, laissant son artillerie sur le mont Mariam-Sciavitu, tenta de franchir le Mai-Quala et d'attaquer l'Amba-Scelloda, mais un vigoureux retour offensif de l'ennemi le força à s'arrêter.

Il était 5 h. 1/2 ; la nuit allait venir, et le succès restait fort incertain contre des masses sans cesse renaissantes.

Le général en chef italien apprenait d'ailleurs à ce moment que la 4ᵉ colonne ennemie, réunie au mont Semajata et encore intacte, dessinait un mouvement vers le col de Rebbi-Arienne. Craignant de voir sa ligne de retraite compromise, il résolut de rompre le combat et il ordonna à ses quatre brigades de se replier lentement et par échelons vers les monts Esciascio.

Les Abyssins, terrifiés par les pertes considérables qu'ils avaient subies, n'osèrent pas inquiéter ce mouvement de retraite. Ils se bornèrent à conserver leurs positions sur l'Amba-Scelloda et sur l'Abba-Garrima ; ils lancèrent toutefois de nombreux cavaliers gallas sur les ailes, mais la difficulté du terrain et les feux nourris des échelons eurent facilement raison de ces attaques décousues.

Le corps italien put évacuer sans encombre le vallon de Mariam-Sciavitu, dont il continua à occuper l'entrée.

La journée resta donc indécise.

C'était une partie à recommencer et les embarras des Italiens étaient les mêmes que la veille.

CHAPITRE II.

BATAILLE DÉFENSIVE-OFFENSIVE.

Journée du 1er mars.

Le 1er mars, les quatre brigades du corps expéditionnaire et la colonne spéciale du lieutenant-colonel X.. s'ébranlèrent successivement aux heures fixées par leurs tableaux de marche respectifs[1].

Chacune de ces colonnes parvint à sa destination en temps voulu et sans que l'ennemi eût été mis en éveil. (Pour les détails de cette marche, se reporter au chapitre précédent.)

10 h. 1/2. — A 10 h. 1/2, la situation était la suivante :

La brigade Arimondi occupait l'entrée est du vallon de Mariam-Sciavitu ;

La brigade Albertone s'était établie sur l'Amba-Raïo et gardait le col de Chidane-Meret ;

Ces deux brigades se donnaient bientôt la main sur la ligne des hauteurs qui surplombent le Mai-Avolla ;

La brigade Dabormida atteignait les pentes nord des monts Esciascio ;

La brigade Ellena, dépassant le col de Rebbi-Arienne, commençait à arriver au coude nord du Mai-Farras ;

Le col de Rebbi-Arienne restait occupé par les 13e et 14e bataillons.

Le quartier général était, avec les 15e et 16e bataillons, au Sycomore.

Dès 7 heures du matin, les troupes de la colonne spéciale (12e et 18e bataillons) exécutaient les travaux prescrits au col Guldam et environs[2].

Le général en chef ordonne un repos de deux heures pendant

---

[1] Voir l'ordre de mouvement E de la 2e partie.
[2] Voir la pièce annexe n° 9.

lequel les troupes, établies en halte gardée, consommèrent un repas froid et firent le café.

Les commandants des brigades, accompagnés de leurs chefs de services, en profitèrent pour reconnaître le terrain et rédiger les ordres d'occupation de la position.

A midi 1/2, les diverses unités se dirigeaient vers les emplacements qui leur avaient été assignés ; c'était, de la droite à la gauche :

1re *ligne* (généraux Arimondi et Albertone) :

a) Brigade Arimondi : Sur le piton D, le 5e bataillon indigène avec la 8e batterie ; dans le vallon, entre les pitons D et E, le 2e bataillon italien ; sur le piton E, le 4e bataillon avec la 11e batterie ; sur le piton G, le 9e bataillon.

Chacun de ces bataillons avait trois compagnies déployées et une compagnie en soutien.

En arrière, le 1er et le 2e bataillons de bersagliers, avec le train de combat, sur les deux rives du ruisseau qui descend du col de Rebbi-Arienne.

Ces bataillons étaient en colonne double.

b) Brigade Albertone : Sur le piton M, le 1er bataillon indigène et la 1re batterie indigène ; sur l'Amba-Raïo, les 2e et 3e batteries, flanquées à droite par le 6e bataillon, à gauche par le 7e ; ce dernier avait avec lui la 4e batterie pour battre l'entrée sud du col de Chidane-Meret et ses abords ;

Les 1er et 6e bataillons avaient chacun trois demi-compagnies déployées et trois demi-compagnies en soutien ; la 4e compagnie en réserve ; le 7e bataillon avait deux compagnies déployées et ses deux autres échelonnées en arrière.

Le col de Chidane-Meret était gardée par les bandes de l'Okulé-Kusaï.

Enfin, le 8e bataillon formait réserve générale de la brigade, en arrière de l'aile gauche.

2e *ligne* (généraux Dabormida et Ellena) :

c) Brigade Dabormida : Cette brigade était disposée en échelons de bataillon sur les pentes nord-ouest du mont Irar, au sommet duquel s'était hissée la 5e batterie, ayant comme soutien direct la compagnie d'Asmara.

Ses trois premiers bataillons (milice mobile, 5e et 6e) avaient chacun deux compagnies déployées ; les deux autres étaient en colonne de compagnie derrière les ailes ;

Le 10e bataillon était en colonne doublé, en arrière de l'aile gauche, adossé au mont Arba ;

Le 3e bataillon était massé derrière le centre ;

La 6e batterie était placée entre les deux compagnies de tête du 5e bataillon ; la 7e batterie avec le 10e bataillon ;

Les 13e et 14e bataillons occupaient le col de Rebbi-Arienne et restaient à la disposition du général en chef.

d) Brigade Ellena : La brigade Ellena prenait une formation presque identique, en arrière de l'aile gauche de la brigade Albertone ;

Le 3e bataillon indigène, les 7e, 8e et 11e bataillons formaient les échelons ; le bataillon alpin était massé en arrière du centre ;

Enfin, les 15e et 16e bataillons restaient au Sycomore, à la disposition immédiate du général en chef ;

La 1re batterie à tir rapide était au centre du 7e bataillon ; la 2e batterie avec le 11e bataillon ;

La réserve générale se trouvait donc constituée par les 13e et 14e bataillons de la brigade Dabormida et par les 15e et 16e de la brigade Ellena.

3e *ligne*. Une troisième ligne était formée par les 12e et 18e bataillons, qui occupaient les ouvrages du col Guldam et couvraient le convoi réuni à Adi-Cras.

2 *heures*. — Dès que toutes les troupes furent arrivées sur leurs emplacements de combat, elles se couvrirent par des avant-postes et commencèrent les travaux de défense [1].

Chaque brigade y fit concourir successivement les bataillons campés le plus à proximité ; tous les ouvrages ordonnés étaient achevés à 5 h. 1/2 du soir.

6 *heures*. — Le général en chef donnait alors l'ordre suivant :

« Demain matin, à 4 heures, chacune des brigades Arimondi et Albertone enverra une reconnaissance forte de deux bataillons

---

[1] Voir pièce annexe n° 6,

et d'une batterie dans la direction d'Adoua : la 1re, par le vallon de Mariam-Sciavitu ; la 2e, par le col de Chidane-Meret.

« Ces reconnaissances, sans s'engager aucunement, devront harceler les avant-postes ennemis et chercher à faire sortir les Abyssins de leur inertie.

« Dès que ceux-ci auront été mis en éveil, les reconnaissances se replieront sur le gros de leurs brigades respectives. »

La nuit se passa sans incidents dignes d'être relatés ; quelques feux de salve tirés par les avant-postes sur des éclaireurs et des patrouilles ennemies troublèrent seuls la tranquillité du camp.

Journée du 2 mars.

4 heures. — Le lendemain, à l'heure fixée, les reconnaissances italiennes se mirent en mouvement ; c'était, pour la brigade Arimondi, les 1er et 2e bersagliers et la 8e batterie ; pour la brigade Albertone, les 7e et 8e bataillons et la 4e batterie indigènes.

Ces troupes ne purent pas s'avancer bien loin ; elles trouvèrent les Choans sur leurs gardes et, apercevant bientôt de fortes colonnes en marche, elles n'eurent que le temps de se replier, non sans avoir envoyé quelques salves d'artillerie sur les masses choannes.

L'ennemi était amorcé ; le but du général en chef était donc atteint, et la bataille désirée, voulue, allait avoir lieu.

L'alarme étant donnée, chacun prit son poste de combat et se prépara à repousser l'attaque imminente.

Que s'était-il donc passé au camp du Négus ?

Ménélik avait été avisé le 1er mars, à 3 heures du soir, de la marche des Italiens vers l'Ouest ; mais, jugeant qu'il était trop tard, ce jour-là, pour engager une lutte décisive, il s'était borné à faire reconnaître par la cavalerie Gallas les positions occupées et il avait donné ses ordres pour exécuter une attaque à fond le lendemain matin.

En effet, avant l'aube, quatre grosses colonnes quittaient la conque d'Adoua et s'avançaient tumultueusement à l'assaut des positions italiennes.

La première (15,000 hommes environ) suivait le vallon de Mariam-Sciavitu ;

La deuxième (6,000 hommes environ), contournait l'Amba-Scelloda par le Sud et s'avançait par le Mai-Quala ;

La troisième (8,000 hommes environ), débouchait par l'Enda-Chidane-Meret et marchait vers l'Amba-Raïo ;

La quatrième (30,000 hommes environ), descendait des monts Abba-Garrima et se dirigeait par les monts Semajata, au sud du col de Chidane-Meret.

C'était la tactique habituelle des Abyssins : l'enveloppement par les deux ailes.

6 heures. — Les reconnaissances étaient à peine rentrées au camp italien, où elles avaient donné l'alarme, que l'attaque commençait. Au surplus, dès 4 h. 1/2, chacun était à son poste de combat.

A droite, la première colonne choanne, reçue par de violentes décharges d'infanterie et d'artillerie, venait s'échouer au pied du piton D ; une contre-attaque vigoureuse, exécutée dans son flanc par le 1ᵉʳ bersagliers, à la sortie du défilé, l'empêchait de franchir le Mai-Avolla ; elle se rejeta alors vers le Nord et, contournant le mamelon D, se dirigea vers les monts Esciascio ; mais elle y rencontra bientôt les bataillons échelonnés de la brigade Dabormida, qui lui infligèrent des pertes considérables.

Ce fut en vain que les Abyssins, dans leur folle bravoure, essayèrent d'entamer les échelons en se jetant sur eux à corps perdu ; définitivement repoussés, ils se replièrent en désordre vers le Pas de Gascorchia.

6 h. 1/2. — Quelques instants plus tard, la deuxième colonne débouchait du Mai-Quala et s'élançait sur le petit col qui sépare les pitons E et G. Ne connaissant pas d'obstacles, les guerriers abyssins franchissent le Mai-Avolla dans l'angle mort et donnent un assaut furieux. Leur élan est bientôt brisé par les feux partant des hauteurs. Sur quelques points cependant une terrible lutte corps à corps s'engage. Entre temps, le 2ᵉ bersagliers s'était rapproché du col ; il s'élançait bientôt, massé, baïonnette au canon, sur les assaillants et, secondé à droite par la 4ᵉ compagnie du 4ᵉ bataillon, à gauche par la 1ʳᵉ compagnie du 9ᵉ, il rejetait les assaillants au fond du ravin.

Des feux de salve, habilement dirigés, achevaient leur déroute.

Le général Baratieri avait fait avancer le 15ᵉ bataillon de la réserve générale, pour parer à tout événement, mais il n'eut pas à intervenir et il regagna le Sycomore.

6 *h*. 3/4. — La troisième colonne avait, au même instant, prononcé son attaque contre l'Amba-Raïo.

Mitraillée de face et de flanc par les quatre batteries indigènes et par les feux des 1er, 6e et 7e bataillons, elle n'avait même pas pu franchir le ravin du Mai-Avolla.

Elle se retira en désordre sur les contreforts des monts Semajata, où l'artillerie du Négus venait de prendre position.

Les batteries indigènes prenaient alors pour objectif cette artillerie et engageaient avec elle une lutte sérieuse.

A la nouvelle de cette attaque, le 16e bataillon, envoyé par le général en chef, était venu se placer derrière le centre de la brigade Albertone ; il n'eut pas à intervenir et rentra à son poste à la réserve générale.

8 *h*. 1/4. — Mais, peu de temps après, un grand danger menaçait l'aile gauche des Italiens ; la grosse colonne choanne, forte de 30,000 hommes, débouchait, en effet, comme une trombe, par la vallée du Mai-Farras. Les défenseurs du col de Chidane-Meret étaient tournés ; le 8e bataillon indigène s'était en vain déployé face à l'Est, le torrent avançait toujours.

8 *h*. 3/4. — Il rencontra bientôt les échelons de la brigade Ellena qui, l'arme au pied, attendaient cette attaque formidable.

Dès que l'ennemi se trouva à bonne portée, les quatre bataillons et les deux batteries ouvrirent le feu. Ce fut un véritable massacre. Néanmoins, les masses étaient si denses qu'elles firent encore un bond en avant.

Le 3e bataillon indigène, les 7e et 8e bataillons durent reculer, enveloppés dans le flot des assaillants.

9 *heures*. — Le général en chef, averti du danger qui menaçait son aile gauche, s'était porté en toute hâte de ce côté ; il amenait avec lui les 13e, 14e, 15e et 16e bataillons, sa suprême réserve.

9 *h*. 1/2. — Réunissant ces quatre bataillons au bataillon alpin demeuré intact, il organisa rapidement une colonne d'attaque, destinée à pénétrer dans le flanc de l'ennemi ; il lui donna la

formation suivante, dans le but de remplacer la cavalerie absente :

Formation d'attaque de la réserve.

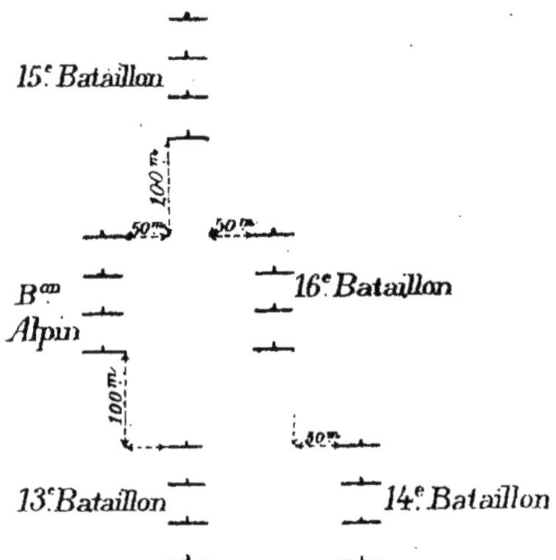

Chaque bataillon était en colonne de compagnie à distance entière ; le 15ᵉ bataillon tenait la tête ; à 100 mètres en arrière et à 50 mètres à droite, marchait le 16ᵉ bataillon ; à la même distance, à gauche, le bataillon alpin ; derrière le centre, à 100 mètres des précédents, le 13ᵉ bataillon ; derrière l'aile droite, le 14ᵉ bataillon.

Ce fut un choc formidable, mais décisif.

10 *h.* 1/4. — Après avoir exécuté un feu rapide, cette masse, conduite par le général en chef en personne, produisit dans les rangs ennemis une trouée énorme.

Les Abyssins, coupés en deux, se débandèrent.

Une partie d'entre eux s'enfuit vers le Sud ; l'autre, moins directement atteinte par la charge, se déroba à l'Est et, continuant sa marche, vint s'échouer contre les hauteurs des monts Gandafta et du col Guldam, défendus derrière leurs retranchements par les 12ᵉ et 18ᵉ bataillons.

Les bataillons des brigades Ellena et Albertone eurent le temps de se ressaisir ; ils se portèrent bientôt en avant, poursuivant de leurs feux l'ennemi en retraite.

Ainsi, l'attaque des Abyssins avait échoué sur tous les points. L'immense croissant qui menaçait d'enserrer la position des Italiens comme dans un étau n'existait plus; les échelons savamment disposés du général Baratieri avaient rompu et écrasé, l'une après l'autre, les quatre grosses colonnes du négus Ménélick.

11 *heures.* — C'était le moment de prendre à son tour l'offensive. Le général en chef, après avoir reconstitué sa réserve, fit sonner la charge sur toute la ligne.

A ce signal, les brigades Arimondi et Dabormida s'élancèrent dans le vallon de Mariam-Sciavitu, dont elles couronnèrent les hauteurs sud et nord. Leurs batteries, installées aux pitons D, E et G, les appuyaient de leurs feux.

Les brigades Albertone et Ellena, un moment ébranlées, reprenaient leurs positions premières.

La réserve générale, renforcée des 12º et 18º bataillons, vint occuper le col de Rebbi-Arienne.

Midi. — Les Abyssins, écrasés, ne purent pas être ramenés au combat; leurs masses disloquées et affolées ne formaient plus qu'une cohue. Elles s'enfuirent dans la direction d'Adoua et s'enfoncèrent dans leurs montagnes.

A N N E X E S

PIÈCE Nº 1.

**Composition et effectifs du corps expéditionnaire
le 29 février au soir.**

1º *Colonnes de combat.*

a) Brigade indigène (général ALBERTONE) :

	Fusils.	Canons.
1er bataillon indigène.	950	»
6e —	850	»
7º —	950	»
8e —	950	»
Bandes de l'Okulé-Kusaï.	376	»
1re batterie indigène.	»	4
2e —	»	4
3e —	»	4
4e —	»	4
TOTAL.	4,076	16

b) 1re brigade d'infanterie (général ARIMONDI) :

		Fusils.	Canons
1er régiment {	1er bataillon de bersagliers.	423	»
	2e bataillon — . . .	465	»
2e régiment {	2e bataillon d'infanterie. .	450	»
	4e — . . .	500	»
	9e — . . .	550	»
A reporter.		2,388	»

NOTA. — Les trois compagnies du 5e bataillon indigène, la 1re section de
la 2e batterie indigène, ainsi que 300 hommes du Saraé (détachement Ameglio), sont rentrés le 29 février à Addi-Dicchi.
La 11e batterie est arrivée de Mai-Marat, le 29 février, à Addi-Dicchi.

	Fusils.	Canons.
Report.	2,388	»
5e bataillon indigène.	950	»
8e batterie de montagne.	»	6
11e —	»	6
Total.	3,338	12

c) 2e brigade d'infanterie (général DABORMIDA) :

		Fusils.	Canons.
3e régiment	5e bataillon d'infanterie.	430	»
	6e —	430	»
	10e —	450	»
6e régiment	3e bataillon d'infanterie.	430	»
	13e —	450	»
	14e —	450	»
Bataillon de milice mobile indigène. .		950	»
Compagnie indigène d'Asmara. . . .		210	»
5e batterie de montagne.		»	6
6e —		»	6
7e —		»	6
Total.		3,800	18

d) 3e brigade d'infanterie (général ELLENA) :

		Fusils.	Canons.
4e régiment	7e bataillon d'infanterie.	450	»
	8e —	450	»
	11e —	480	»
5e régiment	Bataillon alpin.	550	»
	15e bataillon d'infanterie.	500	»
	16e —	500	»
3e bataillon indigène.		1150	»
1re batterie à tir rapide.		»	6
2e —		»	6
Total.		4,080	12

Total général des colonnes de combat.	15,294	58

2° *Troupes de deuxième ligne occupant la position Zala-Sauria.*

		Fusils.
a) Col de Zala { Auxiliaires du Saraé.		300
{ 12ᵉ bataillon d'infanterie		450
b) à Sauria 18ᵉ bataillon d'infanterie (2 cᵉˢ).		225
c) à Addi-Dicchi 18ᵉ — (2 cᵉˢ).		225
Total.		1200

3° *Au convoi, entre Zala et Entiscio.*

	Hommes.
Conducteurs armés du fusil (moitié Italiens, moitié indigènes).	1400
Conducteurs armés du revolver (Italiens).	200
Indigènes non armés.	900
Total.	2,500

PIÈCE N° 2.

Considérations relatives à l'exécution de la marche § V de l'ordre de mouvement.

Il ressort, à notre avis, de l'étude de la marche de nuit exécutée le 29 février par le corps expéditionnaire italien, que :

1° L'état-major italien a commis une erreur en faisant opérer de nuit un mouvement compliqué par trois colonnes, dans un pays montagneux particulièrement difficile et peu connu ;

2° Il a fait, en outre, une faute technique en ne réglementant pas, avec le plus grand soin, les détails d'exécution de cette marche ; il importait surtout de relier les colonnes entre elles et avec le quartier général, car toute erreur de direction devait être fatale. Aussi, les brigades une fois mises en mouvement, à plusieurs kilomètres d'intervalle, la direction a complètement échappé au commandement supérieur.

Ce sont ces diverses considérations qui nous ont conduit :

1° A organiser le mouvement à l'avance, de manière à donner le temps de faire rentrer le détachement du major Ameglio, de faire avancer les 12ᵉ et 18ᵉ bataillons, de créer une position de repli, enfin de rédiger pour chacun des ordres écrits, nets et précis.

En une circonstance aussi grave les ordres verbaux étaient notoirement insuffisants;

2° A faire exécuter la marche de jour, car la nécessité de la mener à bien s'imposait et devait primer toute autre considération; tandis que la chance, problématique d'ailleurs, de surprendre l'adversaire, ne devait entrer qu'en seconde ligne dans les préoccupations du commandement;

3° A attacher à chaque colonne un officier de l'état-major général bien pénétré de la pensée et des intentions du chef suprême;

4° A ordonner des mesures rigoureuses de détail et notamment à établir, à l'état-major général même, un tableau de marche pour chaque colonne, de manière à supprimer toute chance d'erreur et à laisser la plus petite part possible à l'imprévu.

PIÈCE N° 3.

Calcul de diverses distances.

1° *Ligne d'opérations.*

1° d'Addi-Dicchi à Entiscio.	8 kilom.
2° d'Entiscio à Mai-Marat.	35 —
3° de Mai-Marat à Sénafé.	30 —
4° de Sénafé à Adi-Taié.	20 —
5° d'Adi-Taié à Machio.	17 —
6° de Machio à Ua-â.	43 —
7° d'Ua-â à Massaouah.	40 —
Longueur de la ligne d'opérations.	193 kilom.
ou, en chiffres ronds.	200 —

2° *Sur le champ de bataille d'Adoua.*

D'Adoua à Addi-Dicchi, 35 kilomètres.
Du mont Sauria ou d'Addi-Dicchi à Entiscio, 8 kilomètres.
Entre les deux armées ennemies, environ 30 kilomètres.

D'Addi-Dicchi au col de Rebbi-Arienne, 11 kilom. 500 mètres.

Du mont Sauria au col de Chidane-Méret, 10 kilomètres.

Du col de Zala au col de Rebbi-Arienne, 12 kilom. 400 mètres.

Du col de Chidane-Méret à l'Euda-Chidane-Méret, 7 kilom. 500 mètres.

Du col de Rebbi-Arienne à l'Euda-Chidane-Méret, 8 kilom. 500 mètres.

D'Euda-Chidane-Méret à Adoua, 7 kilomètres.

Du col de Rebbi-Arienne à Adoua, par la vallée de Mariam-Sciavitu, 15 kilomètres.

Front de la brigade Arimondi, à 9 h. 1/2 matin, 3 kilomètres.

Front de la brigade Dabormida, à 10 h. 1/2 matin, 1000 à 1200 mètres.

Profondeur de la brigade Dabormida, à 10 h. 1/2 matin, 1 kilom. 800 mètres.

Front de la brigade Albertone, à 8 h. 1/2 matin, 3 kilom. 500 mètres.

Du Sycomore à l'Amba-Raïo, 2 kilomètres.

Du Sycomore au col de Rebbi-Arienne, 1 kilomètre.

De l'Amba-Scelloda au confluent du Mai-Avolla et du Mariam-Sciavitu, 5 kilomètres.

Du mont Abba-Garrima au col de Chidane-Méret, 8 kilom. 500 mètres.

Du col de Rebbi-Arienne au débouché sud du Mariam-Sciavitu, 8 kilom. 500 mètres.

Renseignements divers.

1º La brigade Albertone a mis cinq heures pour franchir une distance de 6 kilomètres, moment où elle alla couper la brigade Arimondi à l'ouest d'Addi-Chéras, soit 1 kilom. 1/4 à l'heure ;

2º Par suite de ce croisement le mouvement des brigades Arimondi et Ellena fut retardé de plus d'une heure et demie ;

3º La brigade Dabormida mit huit heures à franchir la distance qui sépare le col de Zala du col de Rebbi-Arienne (12 kilom. 400 mètres), soit 1 kilom. 550 mètres à l'heure ;

4º La brigade Albertone, après son croisement avec la brigade Arimondi, s'avança en une heure environ d'Addi-Chéras au col de Chidane-Méret, soit 3 kilom. 1/2 en une heure.

5° La brigade Arimondi mit huit heures et demie à parvenir près du col de Rebbi-Arienne (à 1 kilom. 1/2) ; sans son arrêt forcé qui lui fit perdre plus d'une heure et demie, elle aurait parcouru la même distance en sept heures, soit moins de 1 kilom. 500 mètres à l'heure ;

6° Le quartier général, qui marchait en tête de la brigade Ellena, employa sept heures et demie pour atteindre le col de Rebbi-Arienne. Sans l'arrêt forcé de la brigade il aurait gagné le même point en six heures, soit 1 kilom. 500 mètres à l'heure ;

7° La formation, ordonnée à 6 h. 1/2, par le général en chef, ne fut terminée qu'à 8 heures. Elle demanda donc une heure et demie, sans doute à cause de la difficulté du terrain.

Des calculs précédents, il résulte que la vitesse de marche fut d'environ 1 kilom. 500 mètres à l'heure.

Si la marche avait eu lieu de jour, on aurait probablement pu obtenir une vitesse de 2 kilomètres à l'heure.

Intervalles entre les colonnes.

1° Au départ :

      de Sauria à Addi-Dicchi. . . . . 1,900 mètres.
      d'Addi-Dicchi au col de Zala . . . . 1,800 —

2° A hauteur d'Addi-Chéras :

      entre Albertone et Arimondi. . . . . 2,000 mètres.
      entre Arimondi et Dabormida . . . . 1,400 —

3° A hauteur des cols Rebbi-Arienne et Chidane-Méret :

      entre les deux cols. . . . . 3,000 mètres.

4° Largeur de la vallée de Mariam-Sciavitu :

      à l'entrée de l'est. . . . . 1,100 mètres.
      en son milieu. . . . . 900 —
      à la sortie de l'ouest. . . . . 2,000 —

Nota : Les hauteurs qui bordent la vallée au nord sont très accessibles.

PIÈCE N° 4.

Longueurs et durée d'écoulement des colonnes.

(Vitesse de 2,000 mètres en cinquante minutes [1]).

ÉLÉMENTS DES COLONNES.	INFANTERIE PAR 2. ANIMAUX PAR 1.		INFANTERIE PAR 4. ANIMAUX PAR 2.		OBSERVATIONS.
	Mètres.	Min. Sec.	Mètres.	Min. Sec.	
Une compagnie italienne ..	86	2 00	43	1 00	A 125 hommes environ.
Un bataillon italien	344	8 00	172	4 00	A 500 —
Une compagnie indigène ..	168	4 00	84	2 00	A 240 —
Un bataillon indigène.....	672	16 00	336	8 00	A 950 —
Bataillon Galliano.........	805	21 00	402	10 30	A 1150 —
Une batterie de montagne italienne.............	150	3 08	75	1 34	A 6 pièces ; 50 mulets.
Une batterie de montagne indigène.............	100	2 30	50	1 15	A 4 pièces ; 35 mulets.
Une batterie à tir rapide...	200	5 00	100	2 30	A 6 pièces ; 60 mulets.

PIÈCE N° 5.

Ordre du jour.

Addi–Dicchi, 29 février 1896.

Soldats !

Depuis quinze jours vous attendez, impatients, l'attaque des Abyssins.

Puisqu'ils n'osent pas venir à nous, allons à eux !

Leurs gros effectifs ne sauraient vous intimider; votre arme-

---

[1] La vitesse moyenne des diverses colonnes du corps expéditionnaire italien a été, le 1ᵉʳ mars 1896, de 1500 mètres à l'heure ; mais, si l'on tient compte de ce que la marche a eu lieu la nuit, dans un pays montagneux et difficile, de ce qu'aucun ordre précis n'avait été donné pour la réglementation de la marche et, par suite, qu'une rencontre s'est produite entre deux colonnes, il semble qu'en prenant les mesures nécessaires, on peut obtenir une vitesse de 2 kilomètres à l'heure.

ment supérieur, votre discipline auront raison de ces masses sans cohésion et mal armées.

Ne les avez-vous pas déjà battues en vingt rencontres?

Nous emploierons des formations échelonnées, contre lesquelles leurs efforts désordonnés viendront échouer.

Restez dans la main de vos chefs et ils vous conduiront à la victoire.

Soldats! songez que l'Italie entière a les yeux sur vous; avec l'aide du Dieu des armées, nous refoulerons dans leurs montagnes ces hordes à demi-sauvages.

Votre général compte sur vous; comptez sur lui!

PIÈCE N° 6.

Travaux à exécuter sur la ligne Zala, Addi-Dicchi, Sauria, pour y organiser une position de repli.

A. Au col de Zala :

1° Un ouvrage de compagnie, face au nord;
2° Un ouvrage de compagnie, face à l'ouest;
3° Une tranchée-abri reliant les deux ouvrages précédents avec intervalles de 50 mètres.

B. A Addi-Dicchi :

Un retranchement rapide, couronnant le bord occidental de la hauteur d'Addi-Dicchi.

Cet ouvrage se composera d'une face principale tournée vers l'ouest et qui aura une longueur de 500 mètres, et de deux flancs de 40 mètres de longueur chacun, tournés respectivement : l'un vers le nord, de manière à flanquer les ouvrages du col de Zala; l'autre vers le sud pour flanquer les ouvrages établis à Sauria.

C. A Sauria :

1° Un ouvrage de compagnie, face au sud;
2° Un ouvrage de compagnie, face à l'ouest;
3° Une tranchée-abri reliant les deux ouvrages précédents, avec intervalles de 50 mètres.

Avec les moyens dont on dispose, ces ouvrages peuvent être achevés en quarante-huit heures ; ils seront ensuite renforcés progressivement jusqu'au moment du départ du corps expéditionnnaire.

PIÈCE N° 7.

Longueur de la nouvelle ligne de communication par Adi-Cras.

Des monts Gandafta à Adi-Cras. . . . .   4 kilom.
D'Adi-Cras à Hojà.   21   —
D'Hojà à Adi-Caié.   50   —
D'Adi-Caié à Macchio.   17   —
De Macchio à Ua-à.   43   —
D'Ua-à à Massaouah.   40   —

Total. . . . . 175 kilom.

Nota : La nouvelle ligne présente les avantages suivants :

a) Raccourcir d'une étape la ligne de communication ;

b) Par sa direction perpendiculaire au front de combat du corps expéditionnaire, offrir plus de sécurité.

PIÈCE N° 8.

Description de la position choisie et discussion de son mode d'occupation.

Dans son ensemble la position choisie est assez exactement représentée par un trapèze dont les sommets sont respectivement :

L'Amba-Raïo et le piton D (petite base en 1re ligne) ; le coude nord du Mai-Faras et le mont Irar (grande base ou 2e ligne).

Le Sycomore est placé sensiblement au centre de figure.

La 1re ligne a une longueur de 2,800 mètres ; elle peut donc être normalement défendue par les brigades Arimondi et Albertone, dont les effectifs réunis forment un total de 7,414 fusils et 28 canons ;

La 2e ligne a une longueur de 3,400 mètres ; elle est occupée par les brigades Dabormida et Ellena, qui renferment ensemble 7,880 fusils et 30 canons.

Les petits côtés du trapèze ont 2,200 mètres environ.

La ligne de défense est constituée par la série de hauteurs qui s'étendent entre l'Amba-Raïo et le piton D; le vallon escarpé du Mai-Avolla lui sert de fossé.

Les ailes s'appuient : à gauche, à l'Amba-Raïo; à droite, au piton D.

Mais ces ailes peuvent être facilement tournées : à l'est, par le Mai-Faras ou le col de Chidane-Méret; au nord-ouest, par la faille qui sépare le piton D des hauteurs de la rive droite du Mariam-Sciavitu.

C'est pour parer à ce double danger qu'a été constituée la deuxième ligne, dont les éléments sont placés en échelons débordant en arrière des ailes de la première.

Enfin la position de repli du col Guldam constitue une véritable troisième ligne, qui déborde elle-même les ailes des deux premières et empêche leur enveloppement par l'ennemi.

PIÈCE N° 9.

Organisation d'une position de repli à hauteur des monts Gandafta.

Dans la situation où va se placer le corps expéditionnaire italien, l'organisation d'une position de repli s'impose absolument.

Elle a un double but :

1° Couvrir les ailes et les derrières de la position principale;

2° Donner un point d'appui solide et assuré, à portée du champ de bataille, en cas d'insuccès.

La position que nous avons choisie entre Addi-Chéras et les hauteurs situées au nord du col Guldam, nous paraît remplir les conditions requises.

Elle est située à moins de 3 kilomètres en arrière de la 2° ligne et, par sa direction nord-sud, elle flanque bien les ailes de cette dernière.

Les ouvrages de campagne à élever sur la position de repli sont :

Une tranchée-abri de 400 mètres de longueur, avec flancs de 40 mètres, au col entre Addi-Chéras et les monts Gandafta.

Un ouvrage de compagnie sur le revers sud-ouest des monts Gandafta.

Une tranchée-abri de 500 mètres de longueur, avec flancs de 50 mètres, au col Guldam.

PIÈCE N° 10.

Comment a été calculée l'heure probable de la rencontre des Italiens et des Abyssins.

D'après la relation de la bataille d'Adoua qui a servi de base à cette étude, l'avant-garde du général Albertone « arriva en vue du col d'Euda-Chidane-Méret à 5 h. 1/2 du matin et, apercevant les avant-postes choans à 1 ou 2 kilomètres, elle ne s'arrêta pas au col et marcha contre eux. L'alarme fut ainsi donnée dans le camp du Négus et, au bout de quelques instants, un groupe de 500 à 600 guerriers abyssins, rassemblés en hâte, fit face à l'attaque (6 h. 1/2) ».

Il résulte de ce récit historique qu'après avoir été « alarmés », il fallut une heure environ aux Abyssins pour prendre les armes et courir au combat.

D'autre part, d'après le même texte, le général Dabormida, entré à 8 h. 20 dans le vallon de Mariam-Sciavitu, envoyait, à 9 h. 15, au général en chef la dépêche suivante : « De grands camps choans sont en vue au nord d'Adoua ».

Il put donc marcher près d'une heure (55 minutes) avant d'apercevoir les camps des Choans ; il en était sans doute, on ne nous le dit pas très exactement, à 2 kilomètres environ.

D'après ces données officielles et vu les circonstances dans lesquelles nous avons placé le corps expéditionnaire italien (ordre de mouvement B de la 1re partie), nous pouvons conclure :

1° Que l'alarme n'aurait été donnée dans le camp du Négus que vers midi 55 ;

2° Que les Abyssins n'auraient pu être prêts au combat qu'une heure après, c'est-à-dire vers 1 heure.

Le général Baratieri aurait donc pu attaquer les Abyssins et les surprendre vers 1 heure de l'après-midi, et ceux-ci n'auraient été à même de commencer à riposter que vers 2 heures.

PIÈCE N° 11.

Détail du mouvement du corps expéditionnaire à son entrée dans le vallon de Mariam-Sciavitu.

Midi. — L'ordre est donné par le général en chef de reprendre la marche en avant.

Brigade Arimondi.

Midi. — L'avant-garde (3° bataillon indigène et 8° batterie) pénètre dans le vallon; viennent à sa suite :

Midi 13. — Le 2° bataillon italien et la 11° batterie;

Midi 23. — Les 4° et 9° bataillons;

Midi 36. — Le 1er et le 2° bersagliers, avec le train de combat de la brigade;

Midi 50. — Fin du mouvement de la brigade Arimondi. Halte horaire de vingt minutes

Brigade Dabormida.

Midi. — La brigade quitte les monts Esciascio et s'avance vers le sud-ouest dans l'ordre suivant :

1 heure. — Avant-garde (bataillon de milice mobile et 5 batteries);

1 h. 05. — La compagnie d'Asmara qui déboîte à droite;

1 h. 12. — Le 5° bataillon avec les 6° et 7° batteries;

1 h. 15. — Le 6° bataillon qui déboîte à droite;

1 h. 24. — Les 3° et 10° bataillons;

1 h. 37. — Les 13° et 14° bataillons et le train de combat de la brigade;

1 h. 50. — Fin du mouvement de la brigade Dabormida avant son entrée complète dans le Mariam-Sciavitu.

Brigade Albertone.

1 heure. — La brigade débouche du col D E dans l'ordre ci-après :

1 heure. — L'avant-garde, composée du 1er bataillon et des 1re et 2e batteries indigènes;

1 h. 12. — Le 6e bataillon suit immédiatement et déboîte à gauche;

1 h. 21. — Le 7e bataillon, suivi des 3e et 4e batteries indigènes;

1 h. 46. — Le 8e bataillon avec le train de combat.

2 heures. — Les bandes de l'Okulé-Kusaï qui déboîtent à gauche.

2 h. 11. — La brigade Albertone est toute entière dans le vallon (R. G.).

Brigade Ellena.

Midi 30. — La brigade quitte le col de Rebbi-Arienne;

2 heures. — Les 7e et 8e bataillons occupent, avec les deux batteries à tir rapide, les pitons D et E;

2 h. 12. — Le 3e bataillon indigène descend dans le vallon de Mariam-Sciavitu et se porte sur la rive droite;

2 h. 23. — Le bataillon alpin le suit et se porte sur la rive gauche;

2 h. 27. — Puis vient le 15e bataillon;

2 h. 32. — Enfin le 16e bataillon.

Observations. — La largeur des chemins permit à l'infanterie de marcher par 4 et aux animaux par 2. La longueur des colonnes se trouva donc réduite de moitié et, d'autre part, la vitesse fut accélérée et portée à quatre kilomètres en soixante minutes.

C'est sur ces données que nous avons calculé les éléments du croquis n° 3, qui indique le dispositif du corps expéditionnaire en marche dans le vallon de Mariam-Sciavitu.

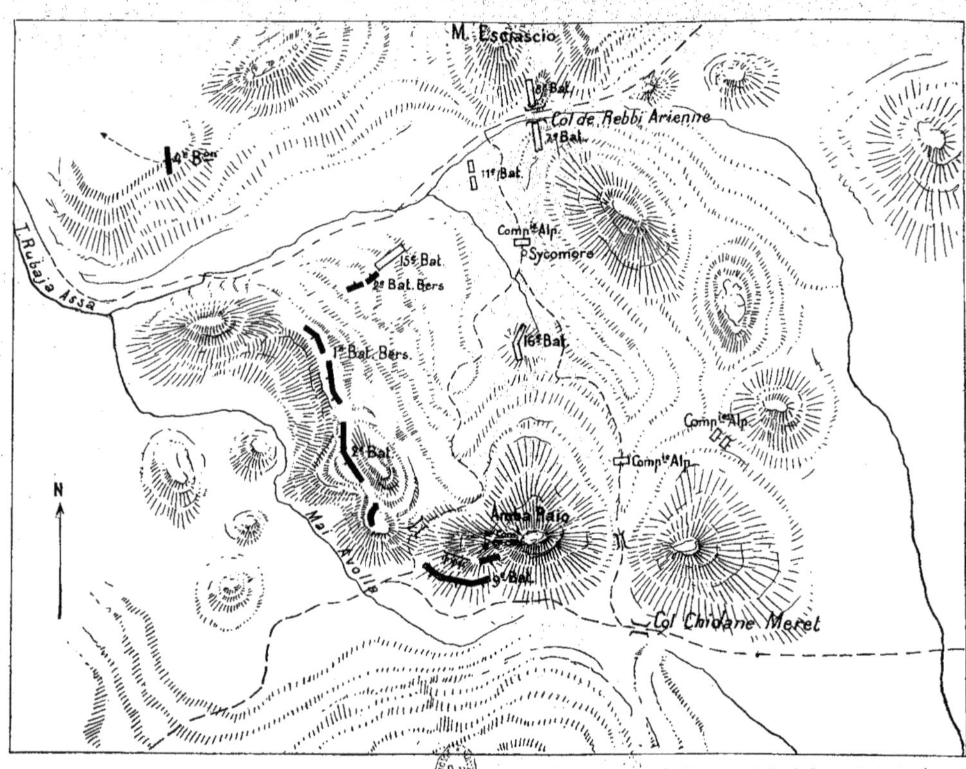

Ech: 0 1 2 Klm.

Petetin.

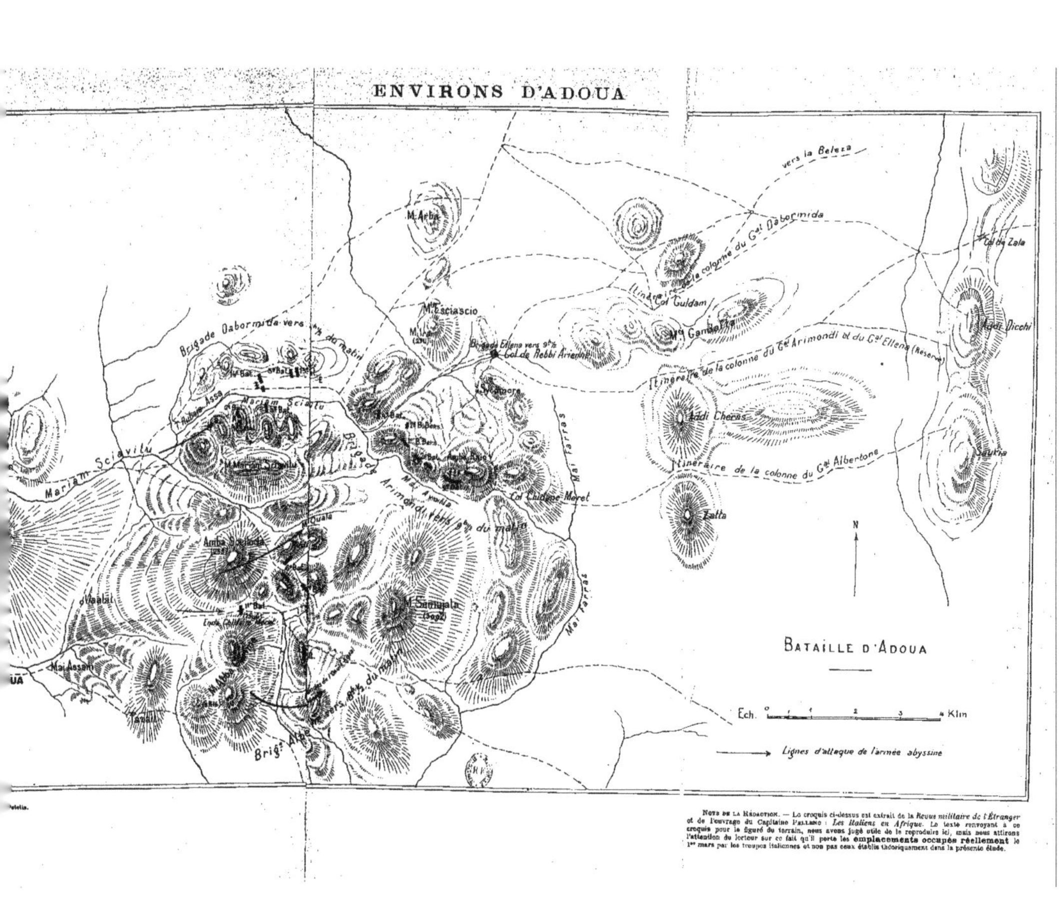

ENVIRONS D'ADOUA
vers la Beleza
M. Arba
M. Casciascio
Brigade Dabormida vers 9h du matin
Itinéraire de la colonne du Gal Dabormida
Col Guldam
Col de Zala
Mal Gambela
Addi Dicchi
Brigade Ellena vers 9h½
Col de Rebbi Arienni
Itinéraire de la colonne du Gal Arimondi et du Gal Ellena (Réserve)
Addi Cheras
Mariam Sciavitu
Addi Abune Assa
Mariam Sciavitu
Itinéraire de la colonne du Gal Albertone
Col Ludovic Morel
Arimondi, vers 9h du matin
Souhe
Quala
Amba Sciasota
Valta
Mal Samiatu
N
BATAILLE D'ADOUA
Mai Assam
Brigade Albertone vers 6h du matin
Ech. 0 1 2 3 4 Klm
Lignes d'attaque de l'armée abyssine

PARIS. — IMPRIMERIE R. CHAPELOT ET C⁰, 2, RUE CHRISTINE.

PARIS. — IMPRIMERIE R. CHAPELOT ET C⁰, 2, RUE CHRISTINE.

www.ingramcontent.com/pod-product-compliance
Ingram Content Group UK Ltd.
Pitfield, Milton Keynes, MK11 3LW, UK
UKHW022057170726
13837UKWH00002B/976